围棋入门 1

金老师教你巧学围棋

○○ 金茜倩 主编

化学工业出版社
·北京·

"金老师教你巧学围棋"系列的作者金茜倩为北京棋院教练,原国家围棋队队员,职业围棋五段,是中国首档围棋电视教学节目主讲人。自国家队退役后,她在带领专业队之余也一直做围棋推广和普及工作。"金老师教你巧学围棋"系列中《围棋入门1》《围棋入门2》《围棋入门3》对初学者的认知水平把控、学习规律摸索等方面,都有着独到的见解;对于围棋知识的传授也有着与众不同的解析角度。

为了让初学者能迅速对围棋产生兴趣,避免繁杂文字带来阅读的困惑,书中在文字表述部分尽量简洁明了,配上图形示例,通过边学、边练的方式将学习要点贯穿于自学、自练、自查的教学形式中。每个讲解要点之后,大都附有20道练习题,在图书编排上也独具匠心,正面是题,背面是答案,便于自我测评和查阅。

"金老师教你巧学围棋"系列是金茜倩五段特意奉献给零基础爱好者的书,特别希望通过循序渐进的讲授方式让身边即便没有老师的自学者也能学会围棋。

图书在版编目(CIP)数据

围棋入门.1 / 金茜倩主编.—北京:化学工业出版社,2017.9

(金老师教你巧学围棋)

ISBN 978-7-122-30448-3

Ⅰ.①围… Ⅱ.①金… Ⅲ.①围棋-基本知识 Ⅳ.①G891.3

中国版本图书馆 CIP 数据核字(2017)第 198177 号

责任编辑:宋　薇　　　　　　　　　　装帧设计:张　辉
责任校对:边　涛

出版发行:化学工业出版社(北京市东城区青年湖南街13号　邮政编码100011)
印　　装:大厂聚鑫印刷有限责任公司
880mm×1230mm　1/24　印张 8¾　字数 263 千字　2018 年 7 月北京第 1 版第 1 次印刷

购书咨询:010-64518888(传真:010-64519686)　售后服务:010-64518899
网　　址:http://www.cip.com.cn

凡购买本书,如有缺损质量问题,本社销售中心负责调换。

定　　价:38.00元　　　　　　　　　　　　　　　　　　　版权所有　违者必究

木野狐登玉楸枰，乌鹭黑白竞输赢。

烂柯岁月刀兵见，方圆世界泪皆凝。

河洛千条待整治，吴图万里需修容。

何必手谈国家事，忘忧坐隐到天明。

这是一首吟诵围棋的诗，据传是明成祖朱棣时期内阁大学士解缙所作，诗中巧妙地镶嵌了木野狐、乌鹭、黑白、楸枰、烂柯、方圆、河洛（喻棋盘）、吴图（指棋谱）、手谈、忘忧、坐隐共十一个围棋的别称，对于围棋知识的传播和普及，起到了十分积极的作用。

目 录

一、围棋礼仪 / 001

二、围棋基本规则 / 002

三、气 / 003

四、叫吃 / 013

五、提 / 025

六、连接——粘 / 037

七、断 / 049

八、断吃 / 061

九、虎 / 073

十、禁入点 / 085

十一、劫 / 097

十二、棋盘 / 109

十三、吃子方法——包围 / 113

十四、抱吃 / 125

十五、门吃 / 137

十六、双叫吃 / 149

十七、好形与坏形 / 161

十八、死活 / 169

十九、比气 / 177

二十、目 / 189

二十一、官子 / 191

二十二、单官 / 203

一 围棋礼仪

1. 赛前相互欠身致意。
2. 落子无悔（落子后不能悔棋）。
3. 观战不语（观棋时请不要在一旁指点说话）。
4. 对局时请不要说话，不要在棋盒里抓玩棋子发出声音。
5. 对局结束，请将棋具规整好。

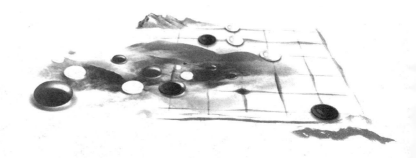

二 围棋基本规则

1. 水平相当,猜先决定黑白棋。
2. 黑棋先下。
3. 棋子要下在棋盘的交叉点上,交叉进行。
4. 落子后不能再移动棋子。
5. 没有气的棋子——被吃掉之后必须从棋盘上拿走。
6. 打劫时,不能马上回提对方的子,必须隔一手之后才能回提。
7. 猜先时水平等级高者抓子,水平等级低者猜,如果水平相当,年长者抓子,年轻者猜,猜对为黑。

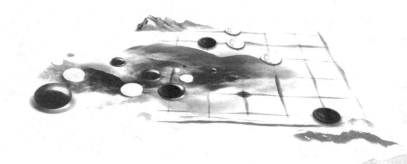

三 气

气是棋子生存的条件
紧挨棋子的直线的交叉点就是气

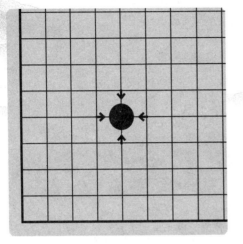

图一：标着箭头的地方是这颗黑子的气。

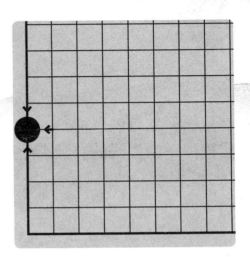

图二：黑子位于边，有一面是底线。

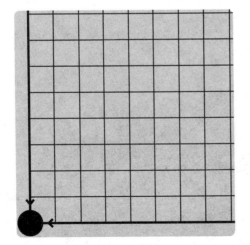

图三：黑子位于角，有两面是底线。

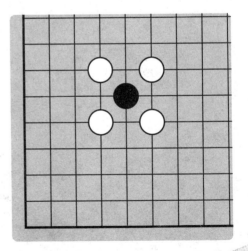

图四：白棋四颗子离黑子很近，但是都不是直线的关系，所以黑子还是有4口气。

气

题 1
请数一数黑棋的气，并在气上用白棋标出来。

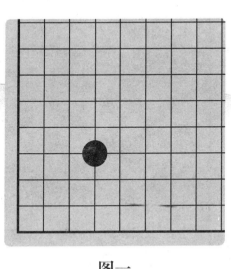

图一

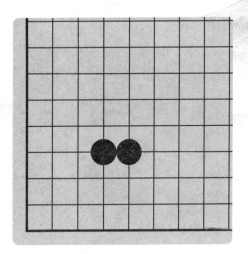

图二

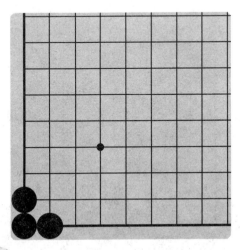

图三

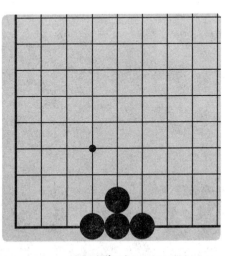

图四

气

答案1

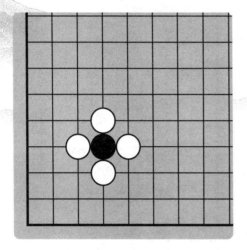

图一：4口气

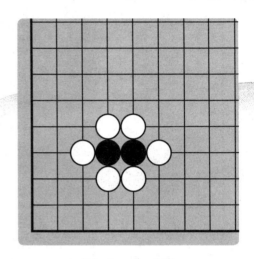

图二：6口气

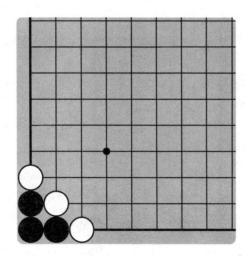

图三：3口气

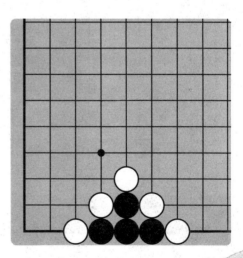

图四：5口气

气

题 2
请数一数黑棋的气,并在气上用白棋标出来。

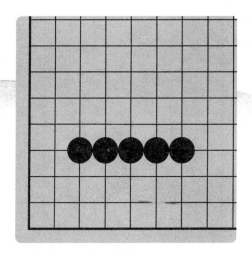

图一

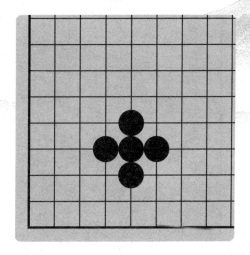

图二

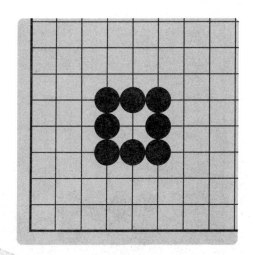

图三

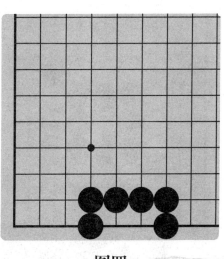

图四

气

答案2

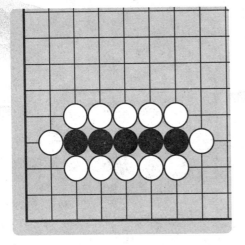

图一：12口气

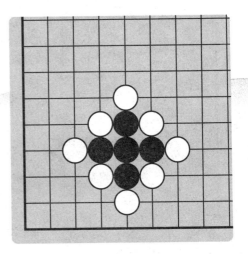

图二：8口气

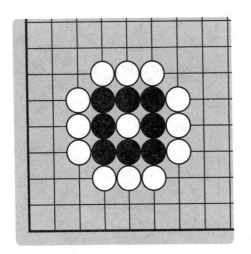

图三：13口气

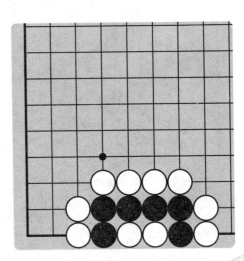

图四：10口气

气

题3
请数一数黑棋的气,并用白棋在气上标出来。

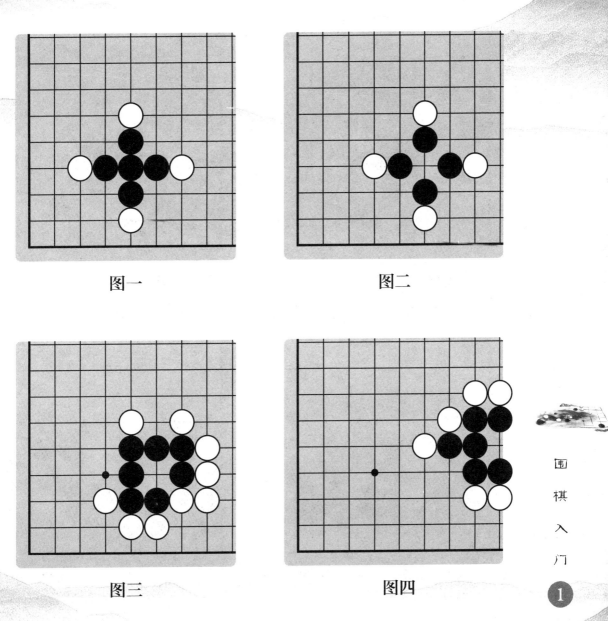

图一　　　　图二

图三　　　　图四

气

答案 3

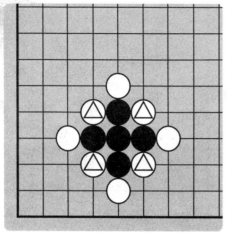

图一：4口气

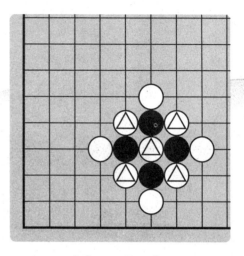

图二：5口气

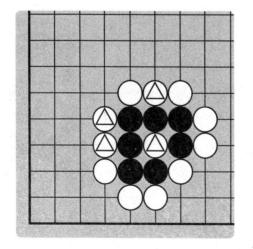

图三：4口气

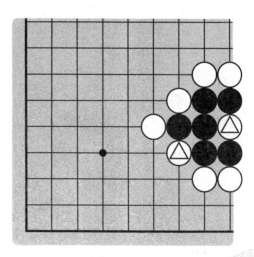

图四：2口气

气

题 4

请数一数黑△子有几口气，并用白子在气上标出来。

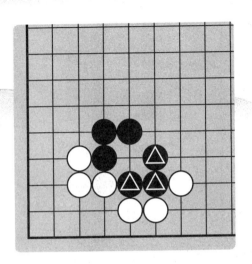

图一

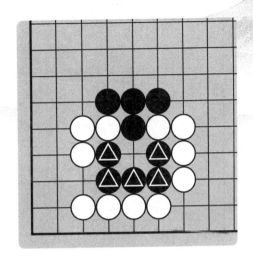

图二

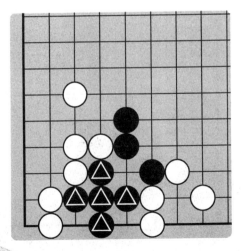

图三

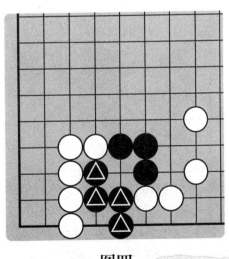

图四

气

答案4

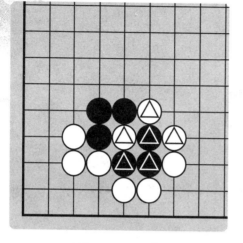

图一：3口气

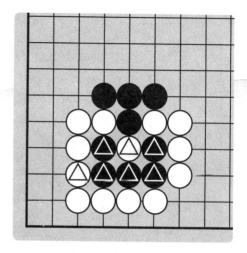

图二：2口气

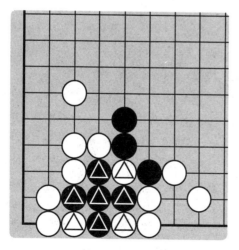

图三：3口气

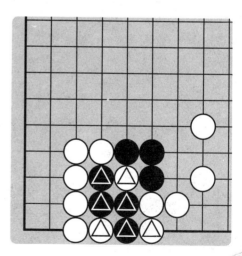

图四：3口气

四 叫吃

落子后对方只剩一口气

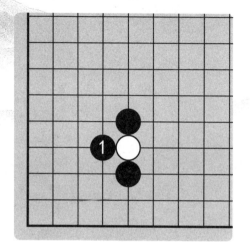

图一：黑❶之后，白只有一口气，这是叫吃。

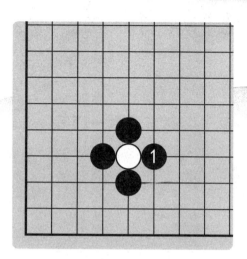

图二：如果白棋不跑，黑❶就能吃白子。

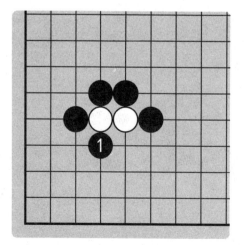

图三：黑❶之后白棋一口气，是叫吃。

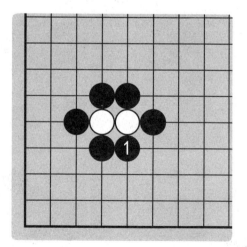

图四：如果白棋不跑，黑❶就能吃白子。

叫吃

题1
请黑棋叫吃白△子。

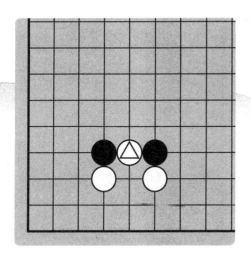

图一

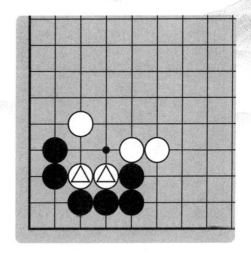

图二

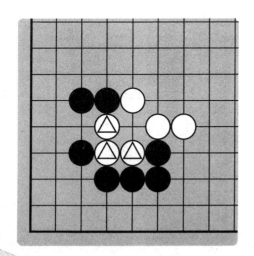

图三

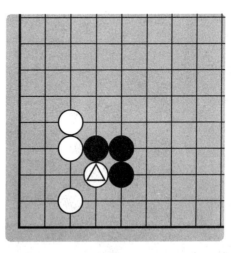

图四

叫吃

答案 1

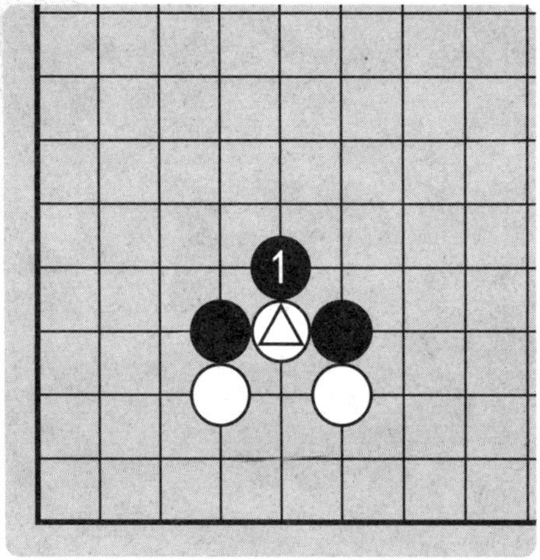

图一

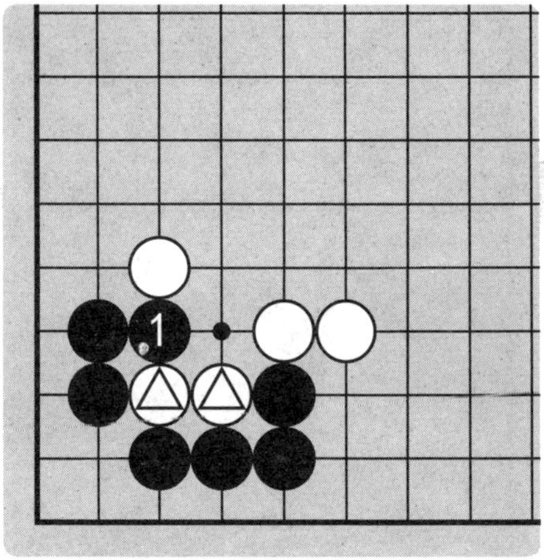

图二

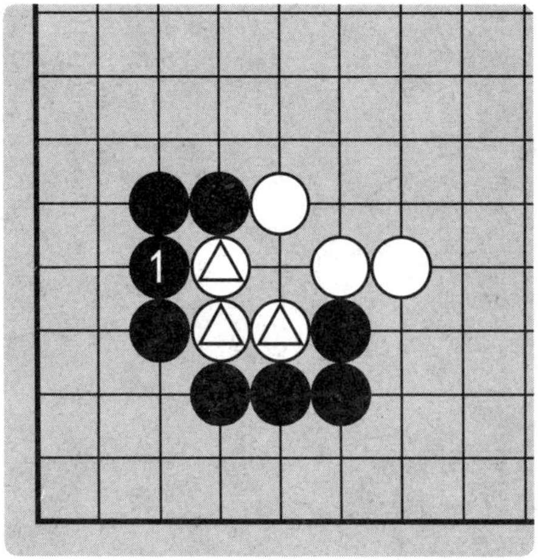

图三

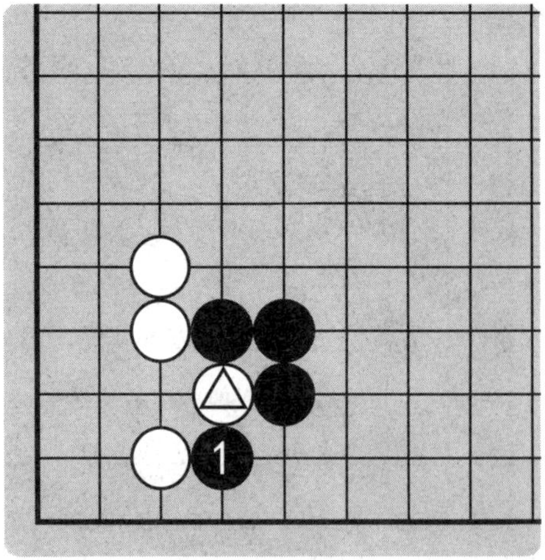

图四

叫吃

题 2
请黑棋叫吃白△子。

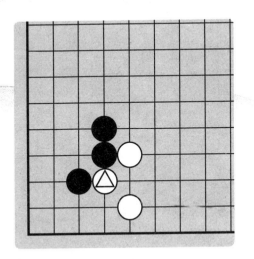

图一

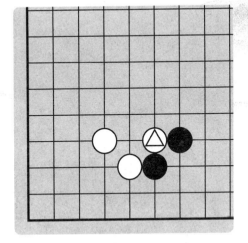

图二

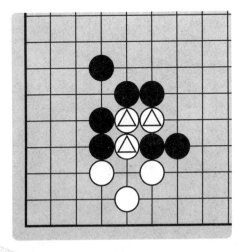

图三

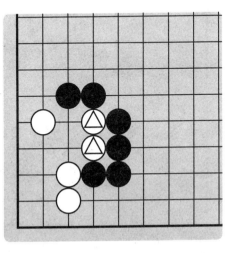

图四

叫吃

答案 2

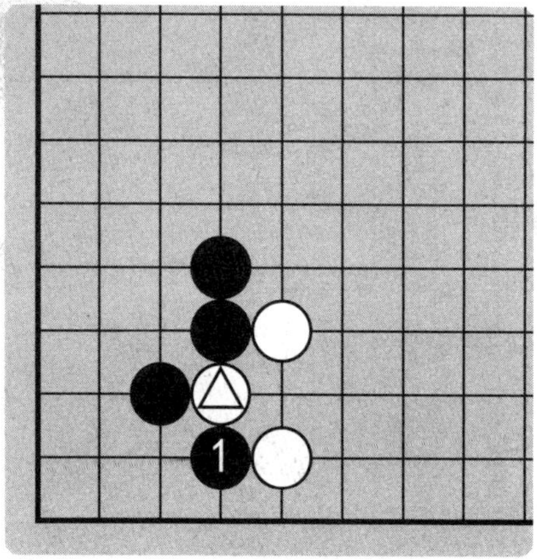

图一

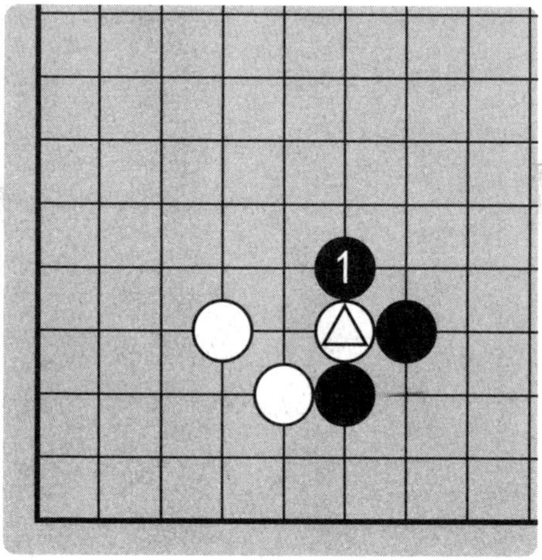

图二

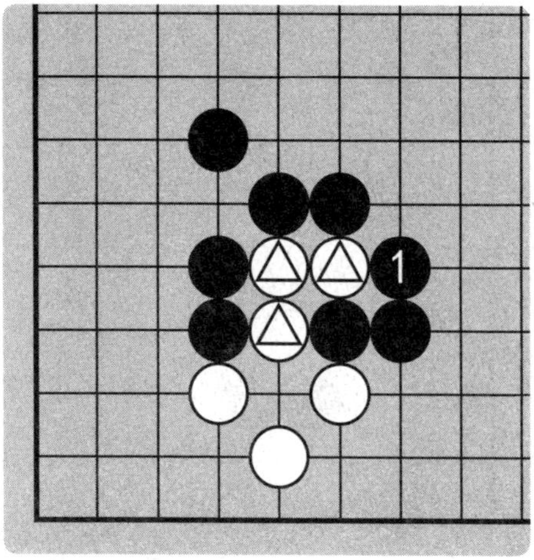

图三

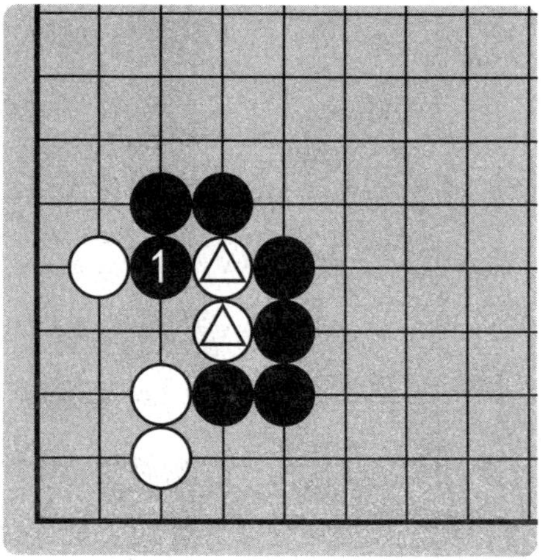

图四

叫吃

题3
请黑棋叫吃白△子。

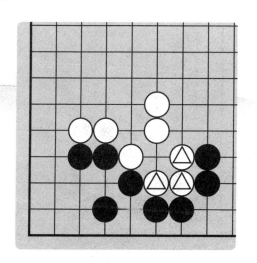

图一

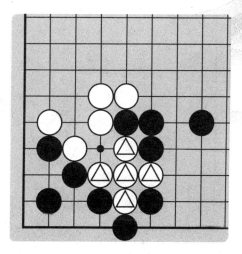

图二

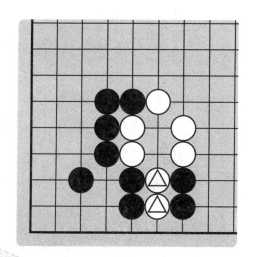

图三

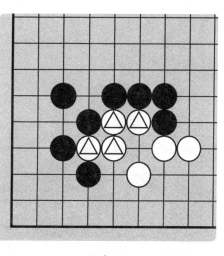

图四

叫吃

答案 3

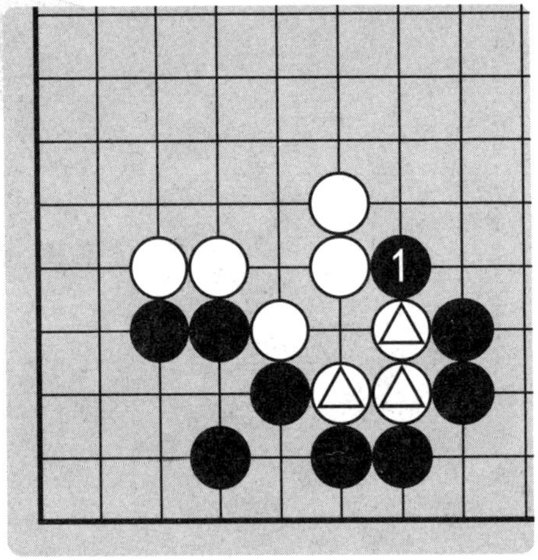

图一

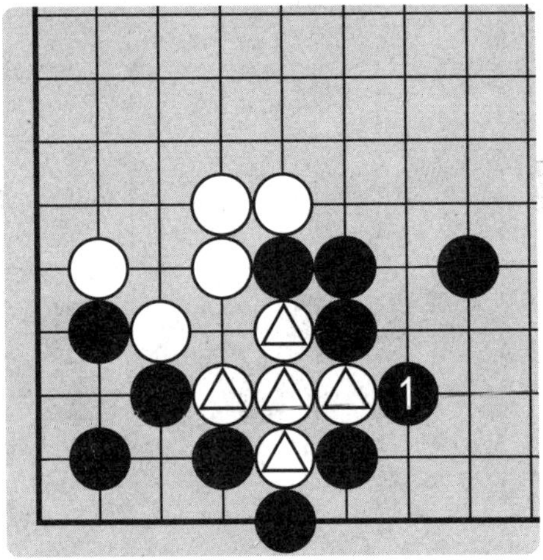

图二

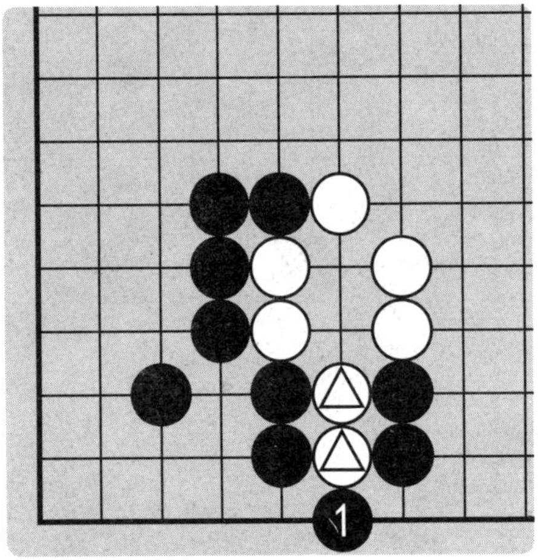

图三

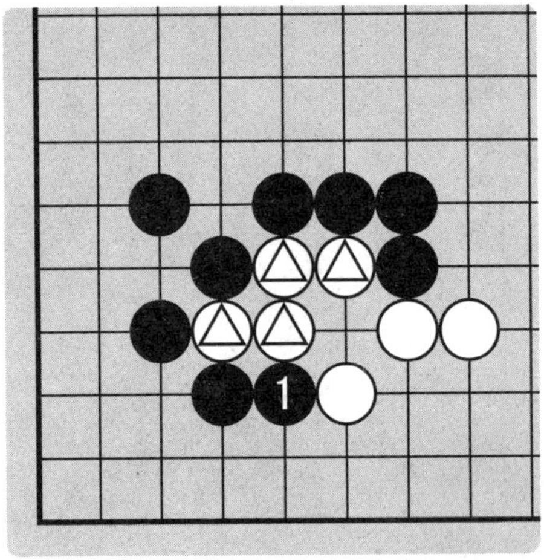

图四

叫吃

题 4
请黑棋叫吃白△子。

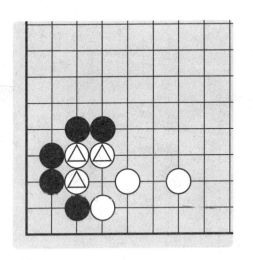

图一

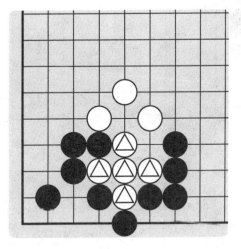

图二

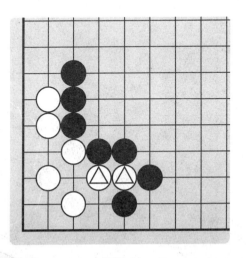

图三

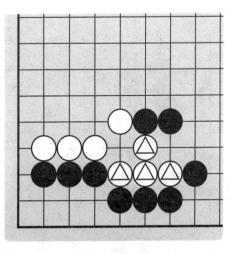

图四

叫吃

答案4

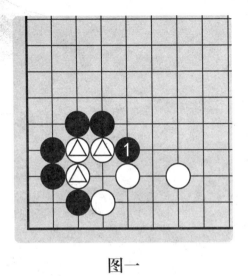

图一

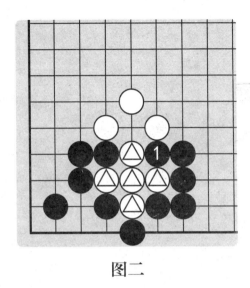

图二

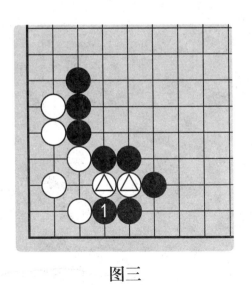

图三

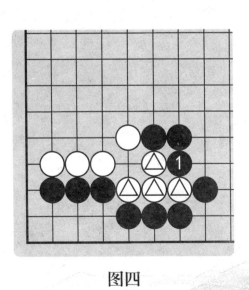

图四

叫吃

题 5
请黑棋叫吃白△子。

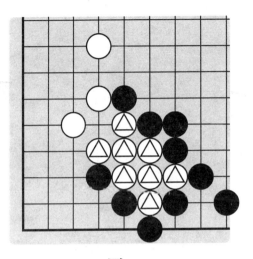

图一

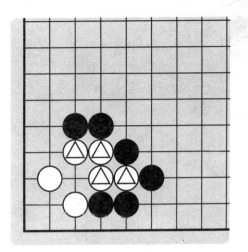

图二

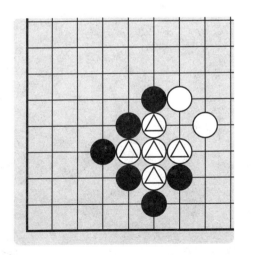

图三

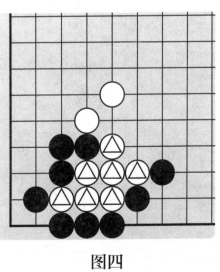

图四

叫吃

答案5

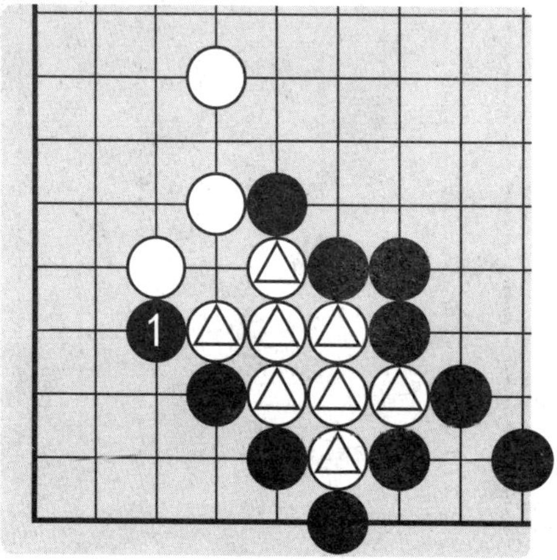

图一

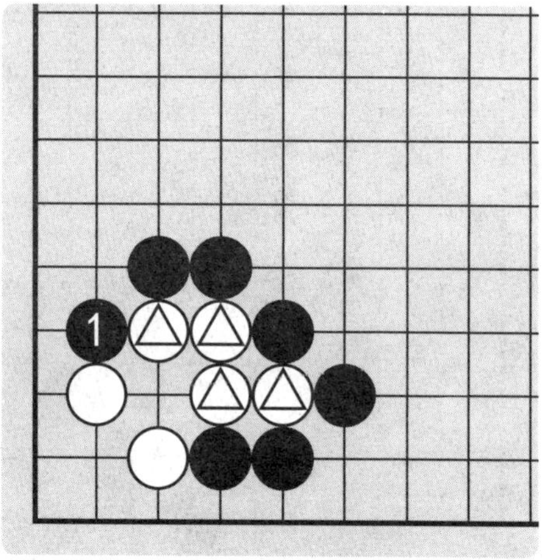

图二

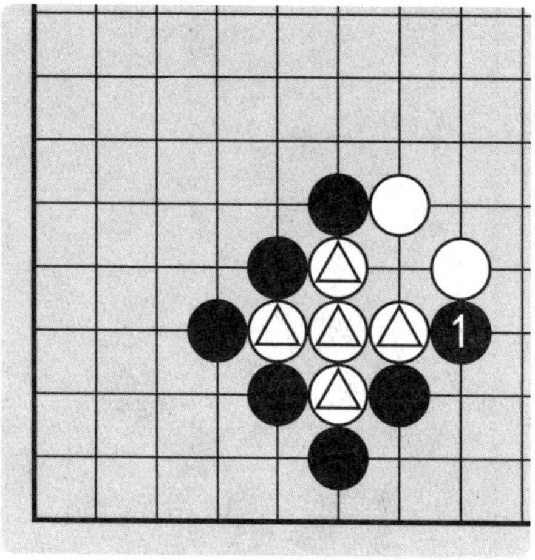

图三

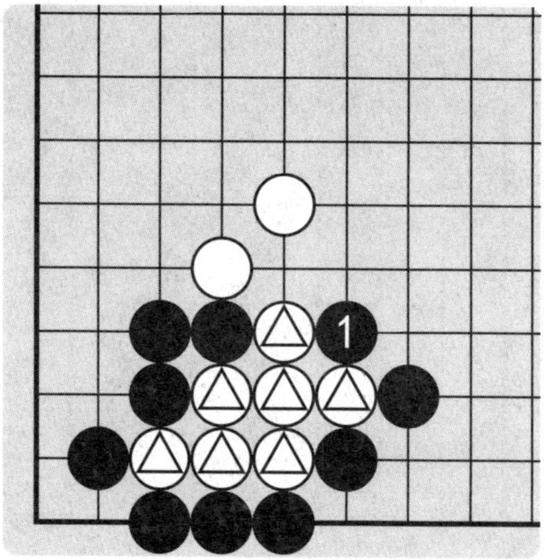

图四

吃掉对方的棋
（吃掉对方的棋子一定要记得从棋盘上拿走）

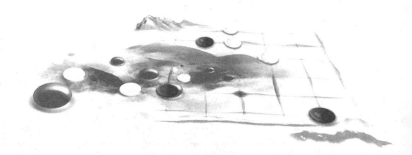

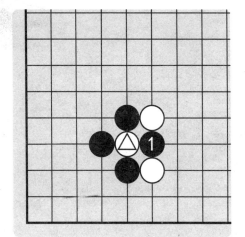

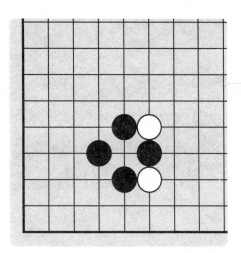

图一：黑提掉白△子，并将吃掉的棋子从棋盘上拿走。

图二：图一黑提白子后的样子。

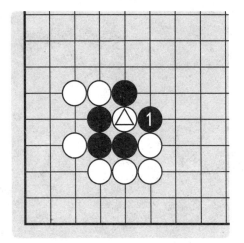

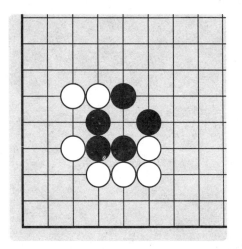

图三：黑提掉白△子。

图四：图三黑提白子后的样子。

提

题1
请黑棋提白△子。

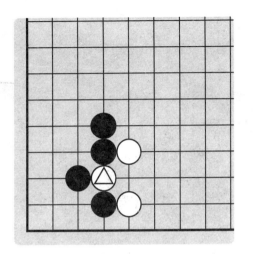

图一

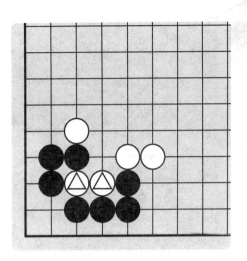

图二

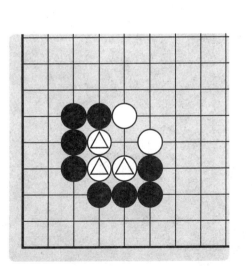

图三

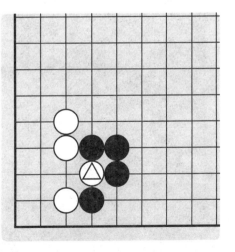

图四

提

答案 1

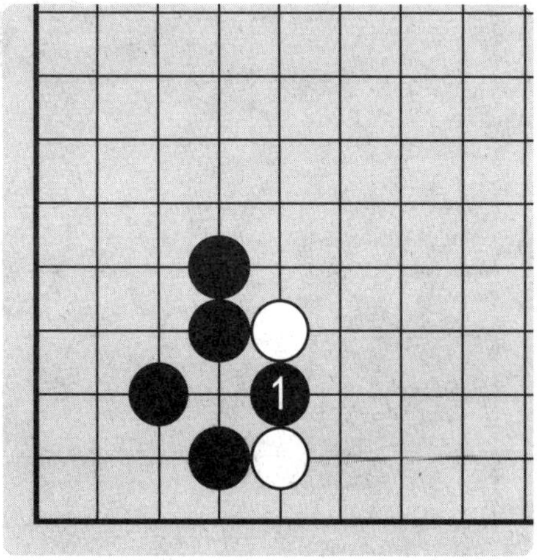

图一

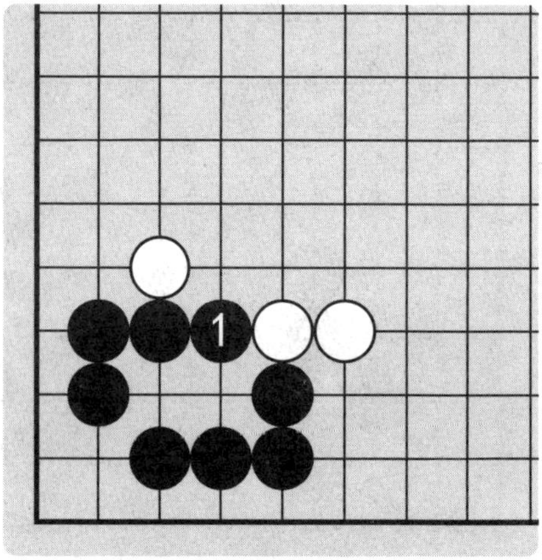

图二

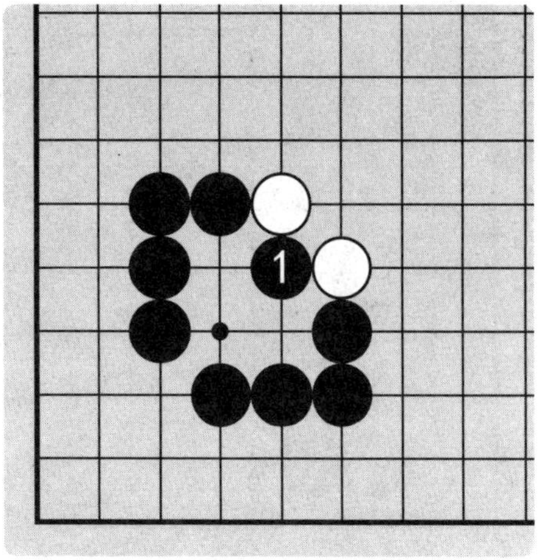

图三

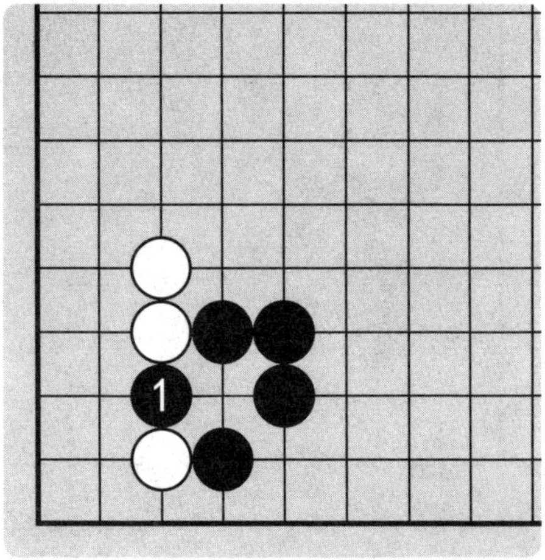

图四

提

题 2
请黑棋提白△子。

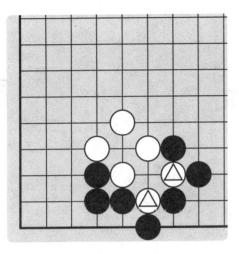

图一

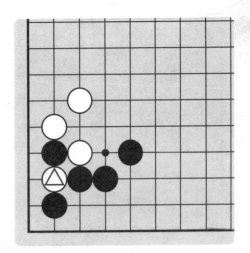

图二

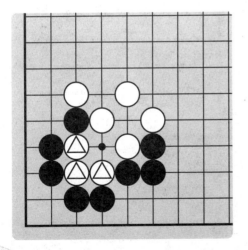

图三

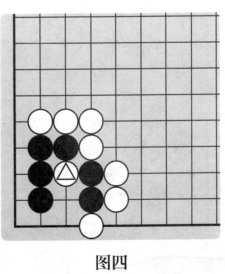

图四

提

答案 2

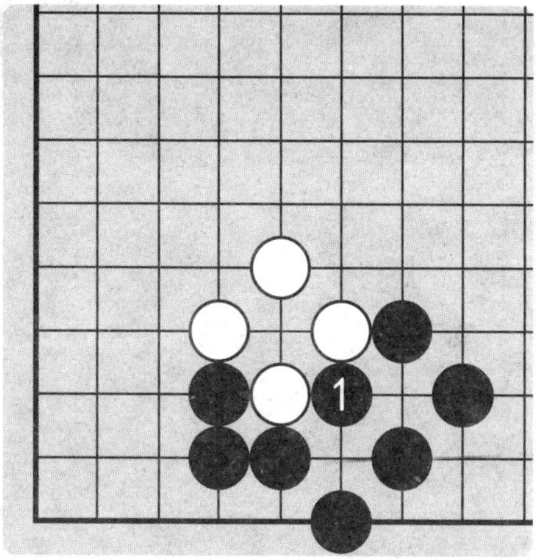

图一

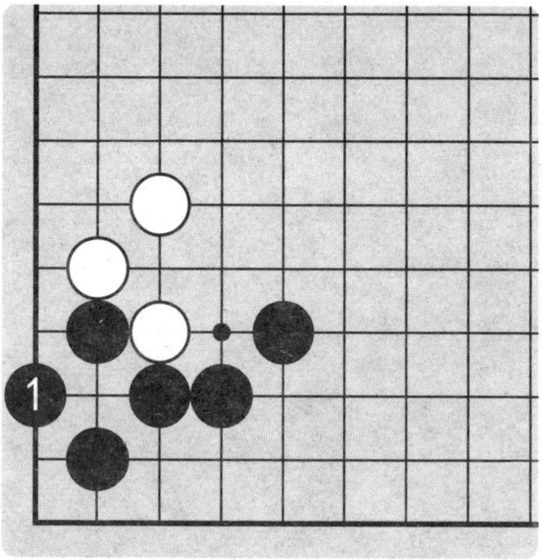

图二

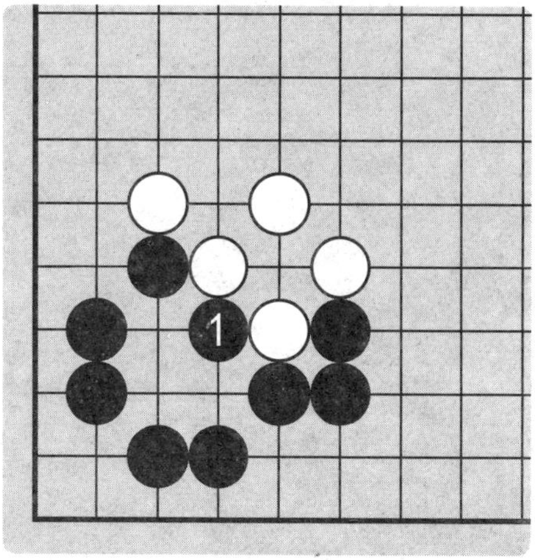

图三

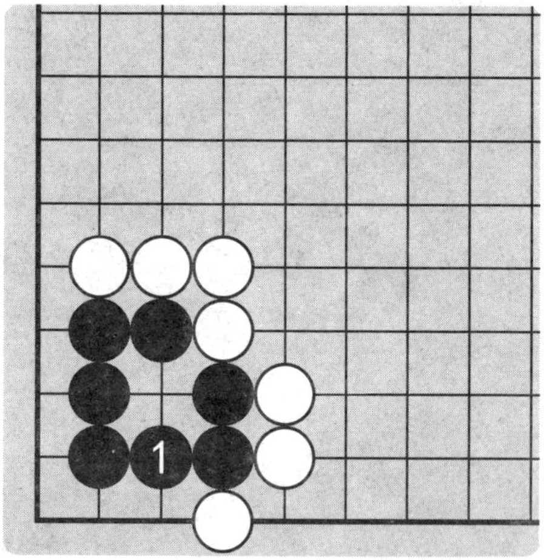

图四

提

题 3
请黑棋提白△子。

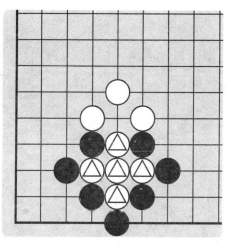

图一

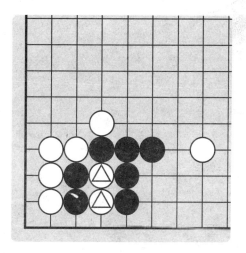

图二

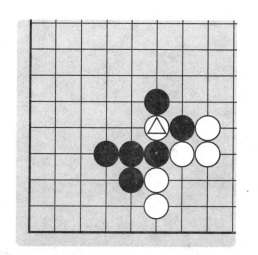

图三

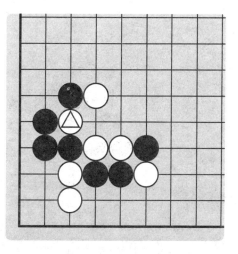

图四

提

答案 3

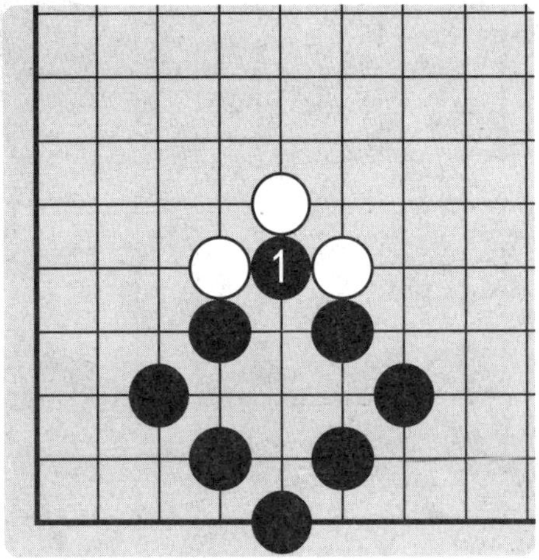

图一

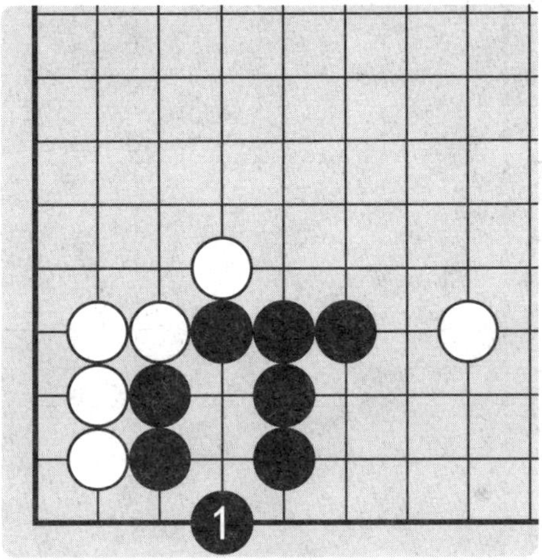

图二

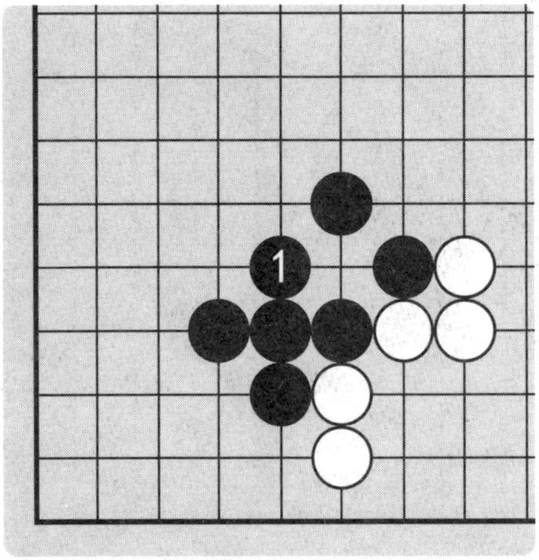

图三

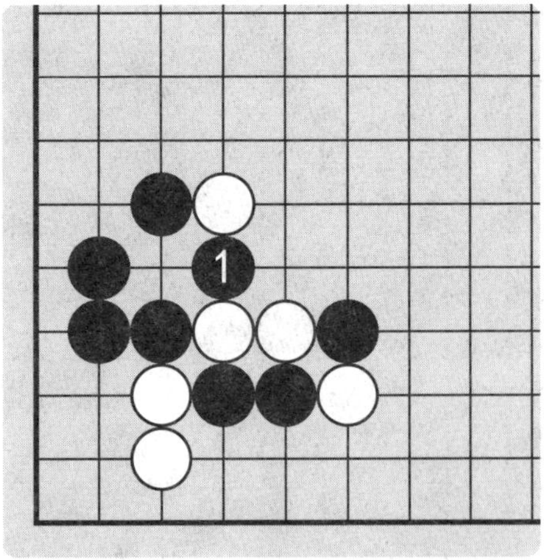

图四

提

题 4
请黑棋提白△子。

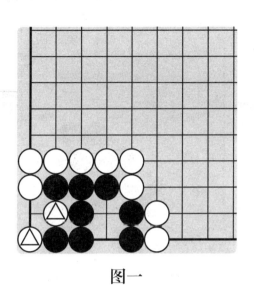

图一

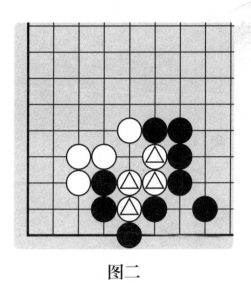

图二

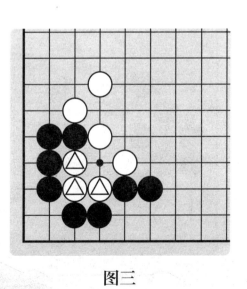

图三

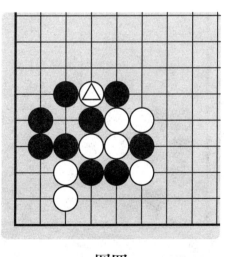

图四

提

答案 4

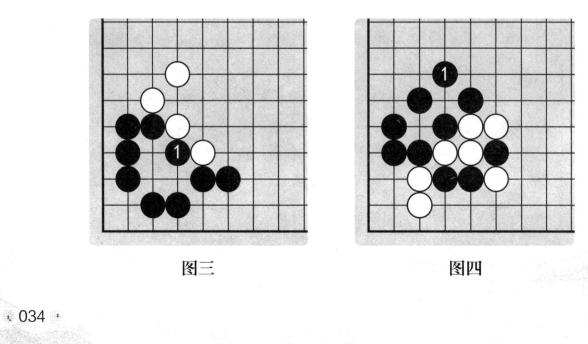

图一　　　　　　　图二

图三　　　　　　　图四

提

题 5
请黑棋提白△子。

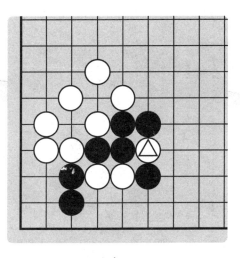

图一

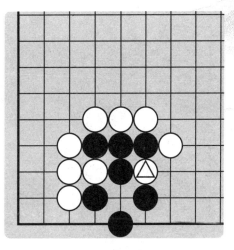

图二

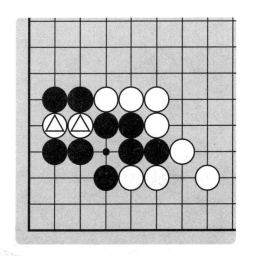

图三

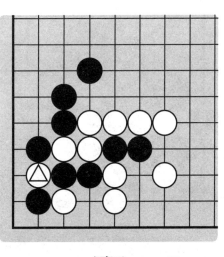

图四

提

答案 5

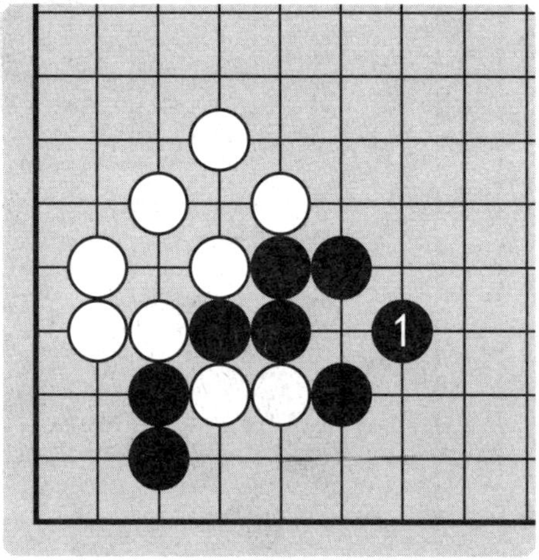

图一

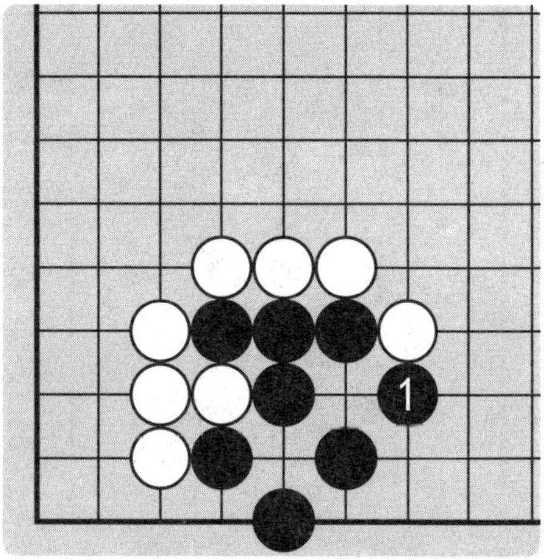

图二

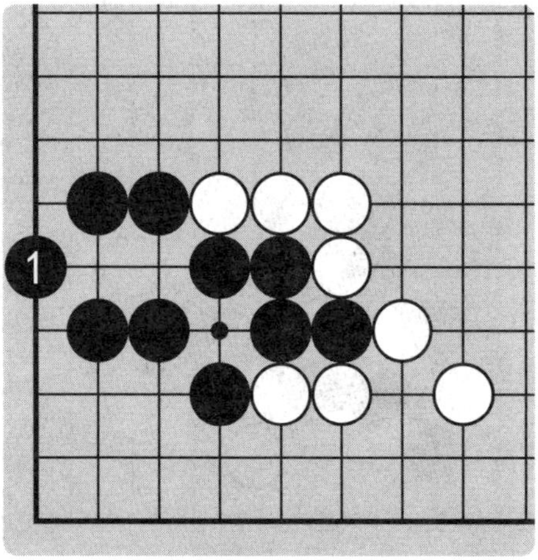

图三

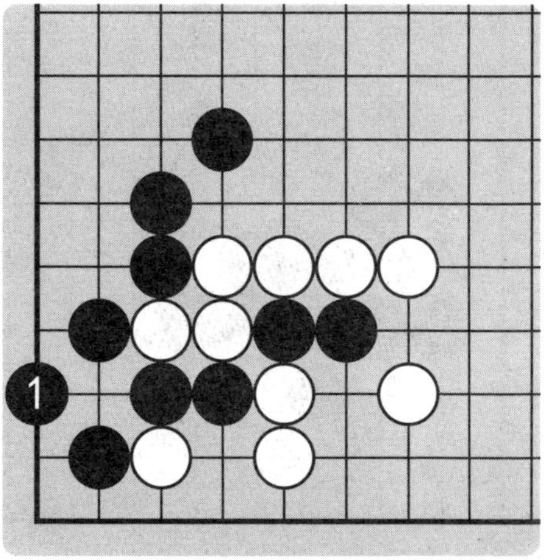

图四

六 连接——粘

直线相挨是棋子间的连接
粘是连接的方法
将己方可能被分断的棋子连接上

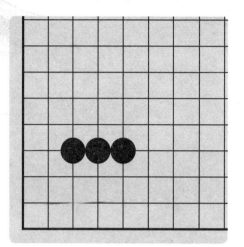

图一：黑三颗子直线相挨，是连接。

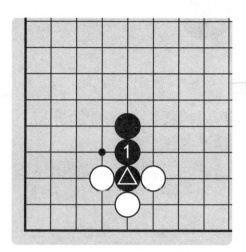

图二：黑▲子被叫吃，黑❶粘，直线连接。

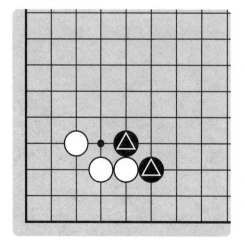

图三：黑▲两子相邻成对角线。

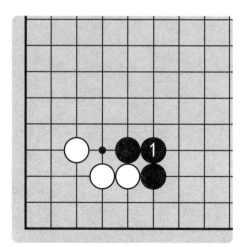

图四：黑❶粘，互相成直线。

连接——粘

题1
请黑棋用粘的方法连接黑△子。

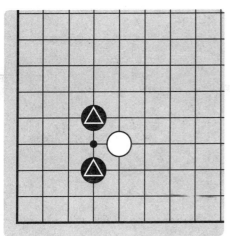

图一

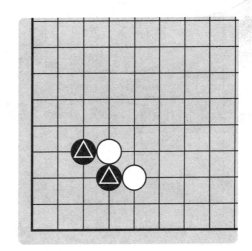

图二

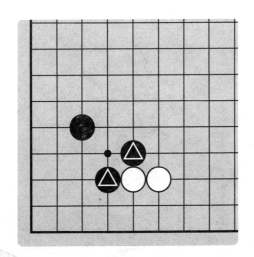

图三

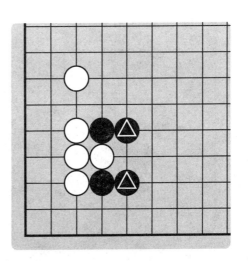

图四

连接——粘

答案1

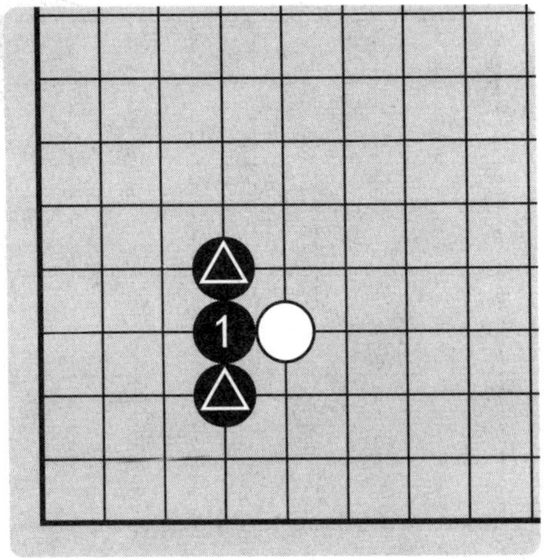

图一

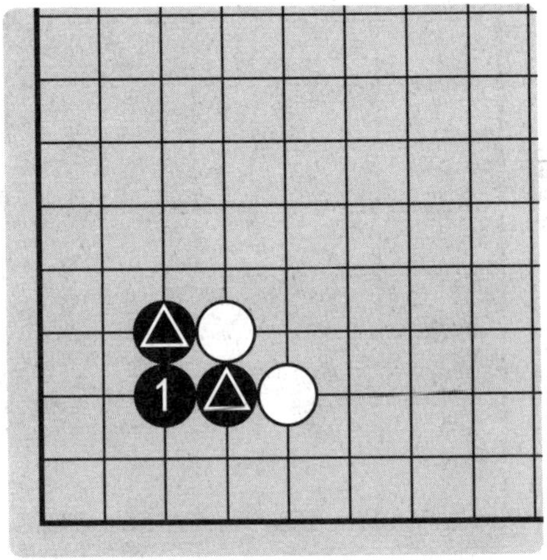

图二

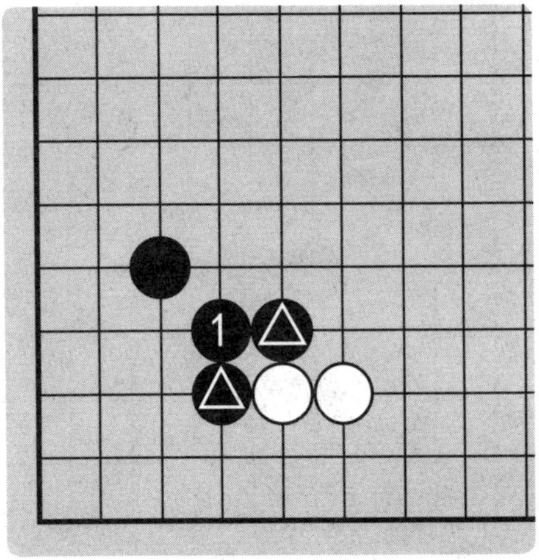

图三

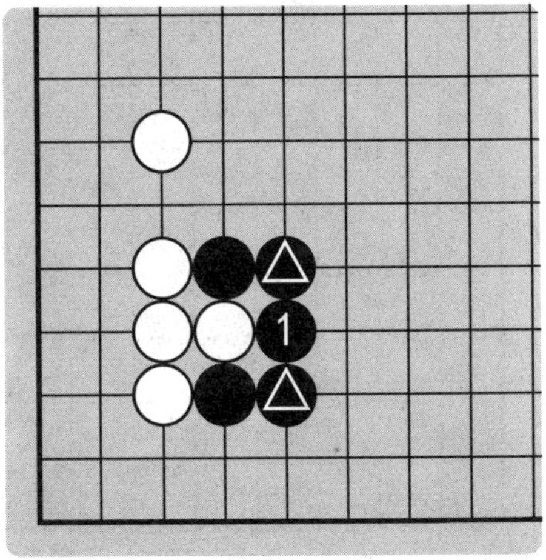

图四

连接——粘

题2
请黑棋用粘的方法连接黑△子。

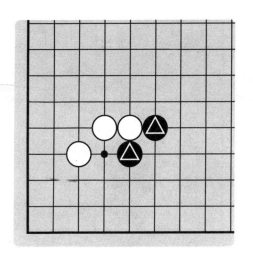

图一

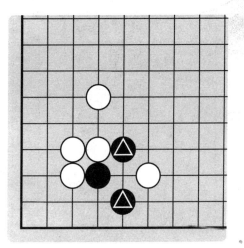

图二

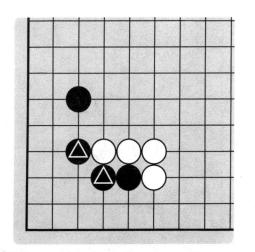

图三

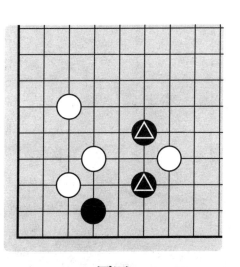

图四

连接——粘

答案 2

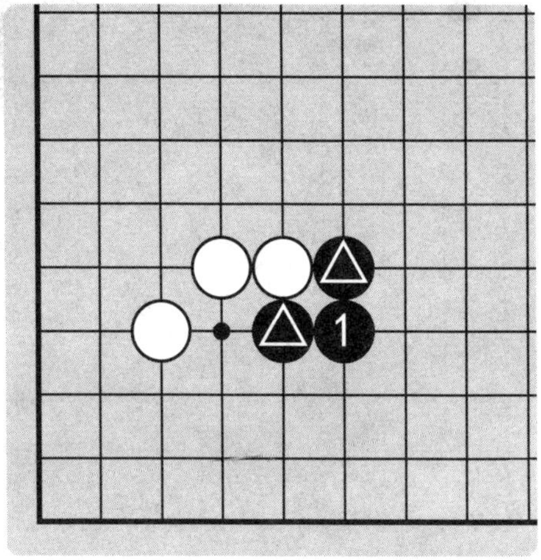

图一

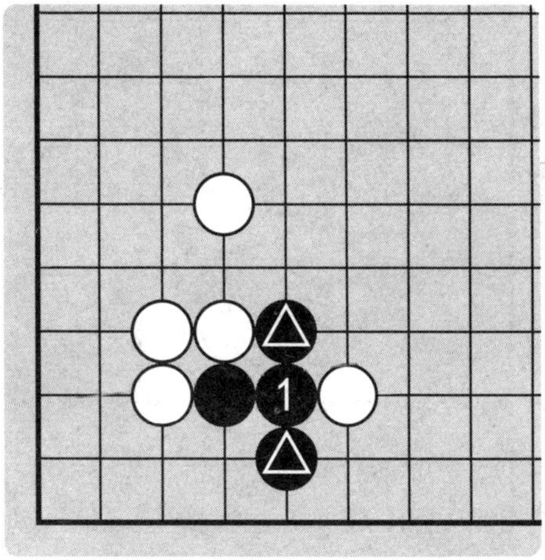

图二

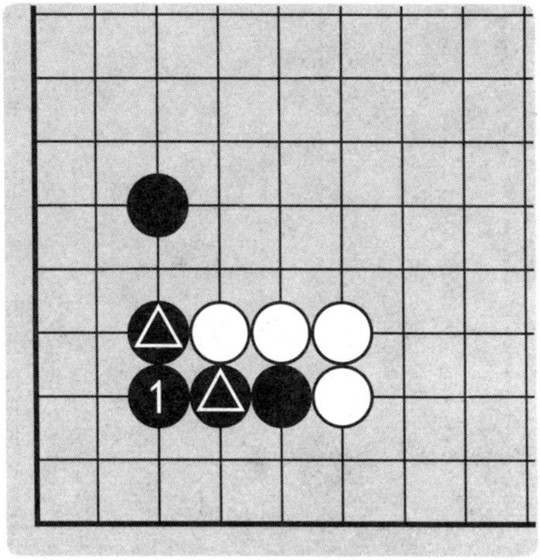

图三

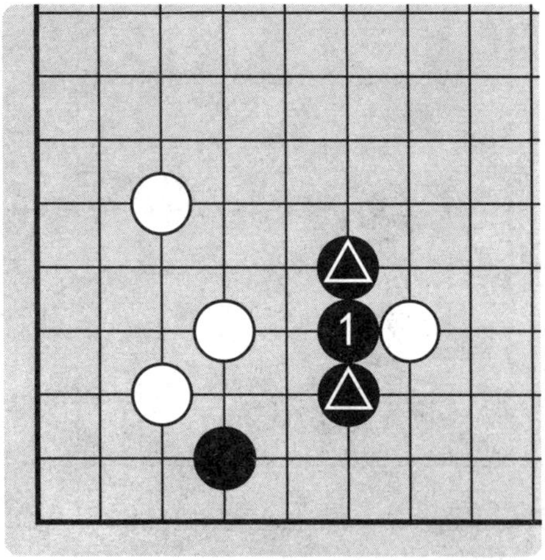

图四

连接——粘

题3
请黑棋用粘的方法连接黑△子。

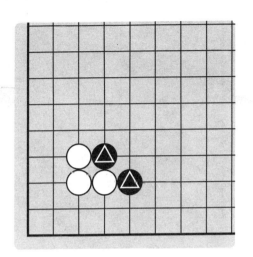

图一

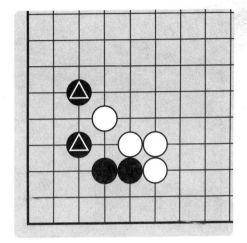

图二

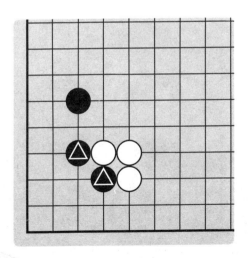

图三

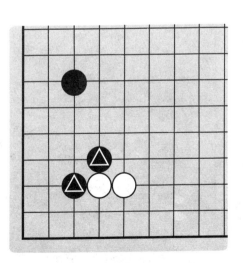

图四

连接——粘

答案 3

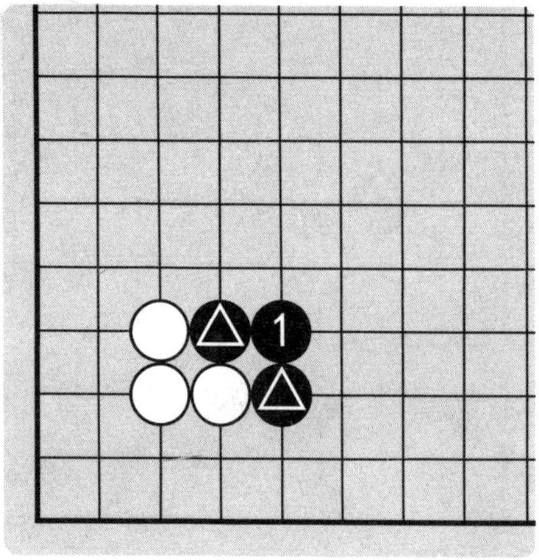

图一

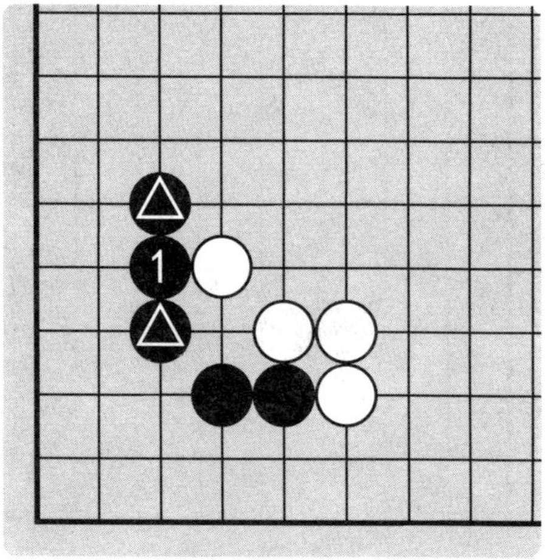

图二

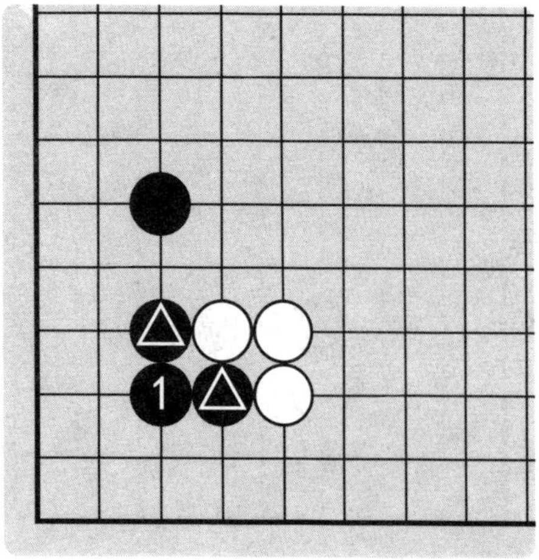

图三

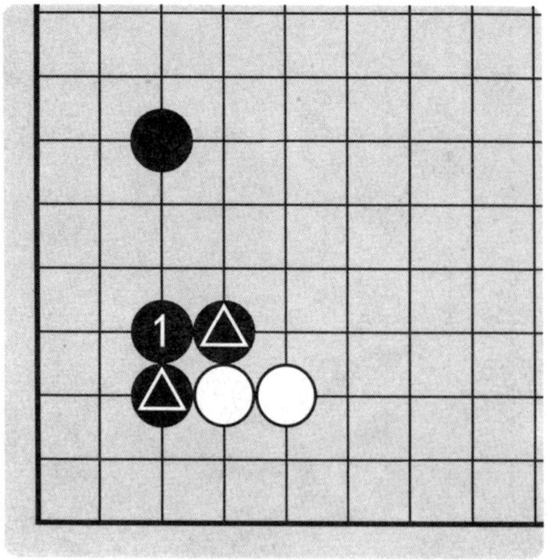

图四

连接——粘

题 4
请黑棋用粘的方法连接黑△子。

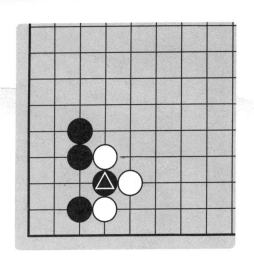

图一

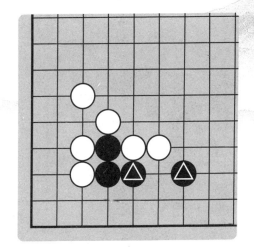

图二

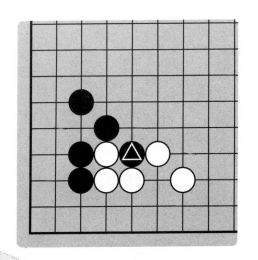

图三

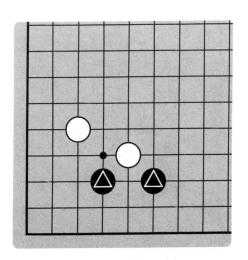

图四

连接——粘
答案4

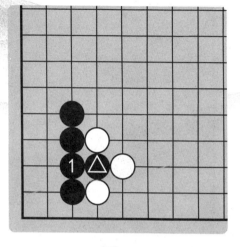

图一

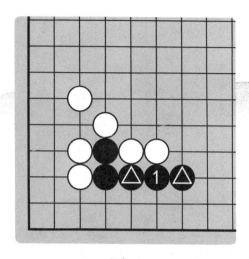

图二

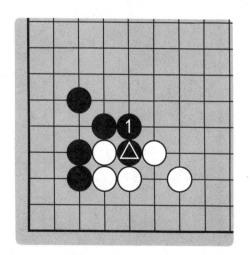

图三

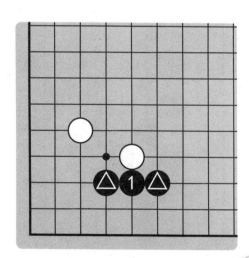

图四

连接——粘

题 5
请黑棋用粘的方法连接黑△子。

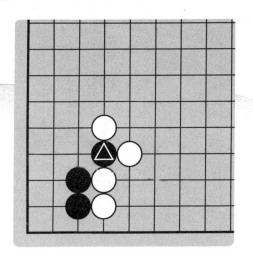

图一

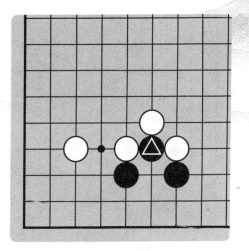

图二

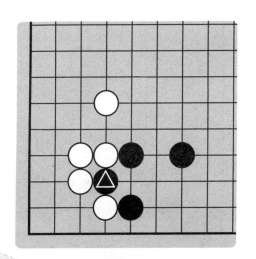

图三

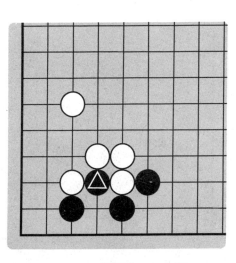

图四

连接——粘

答案 5

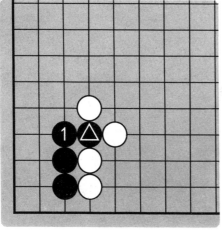

图一

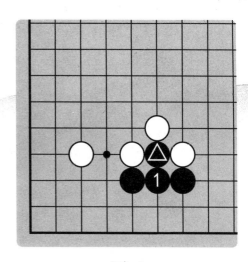

图二

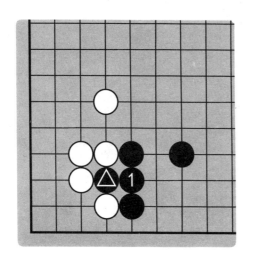

图三

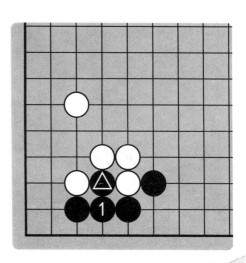

图四

七 断

对于己方是连接
对于对方就是断点
除了直线断
成对角线也是断

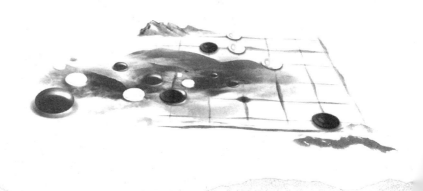

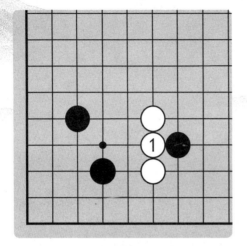

图一：白①粘连接。

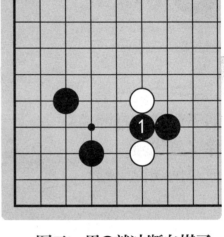

图二：黑❶就冲断白棋了。

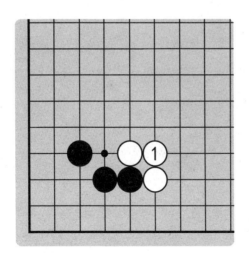

图三：白①粘连接。

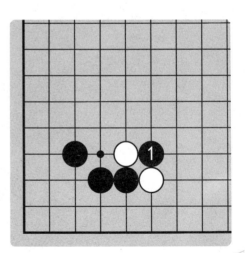

图四：黑❶下到是分断白棋。白子成对角就被断开了。

断

题 1
请黑棋断开白△子。

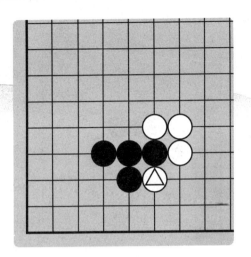

图一

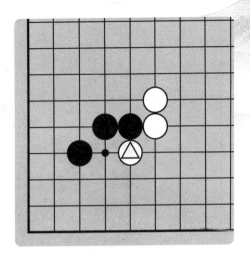

图二

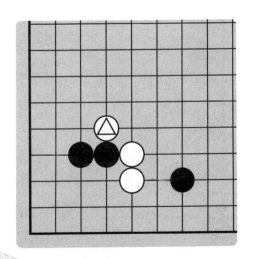

图三

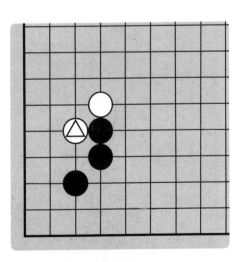

图四

断

答案 1

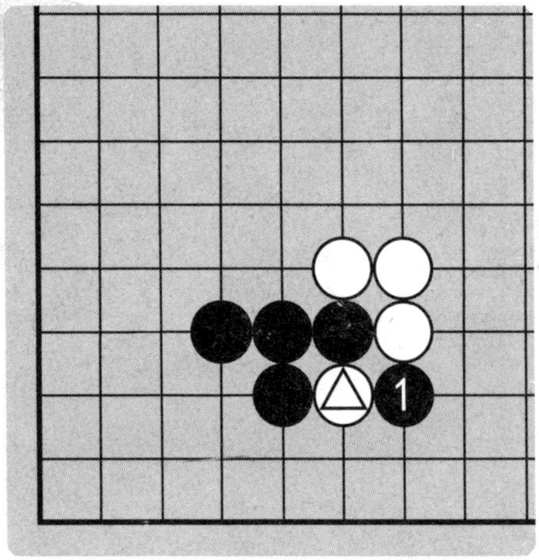

图一

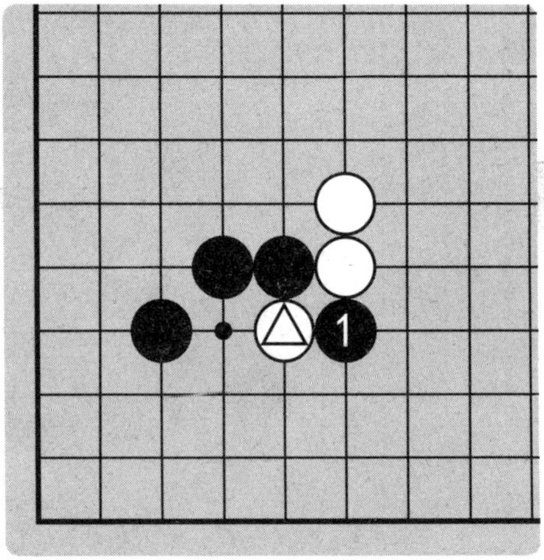

图二

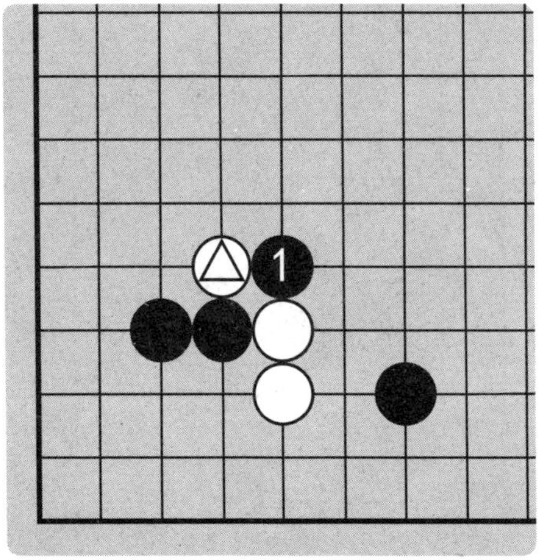

图三

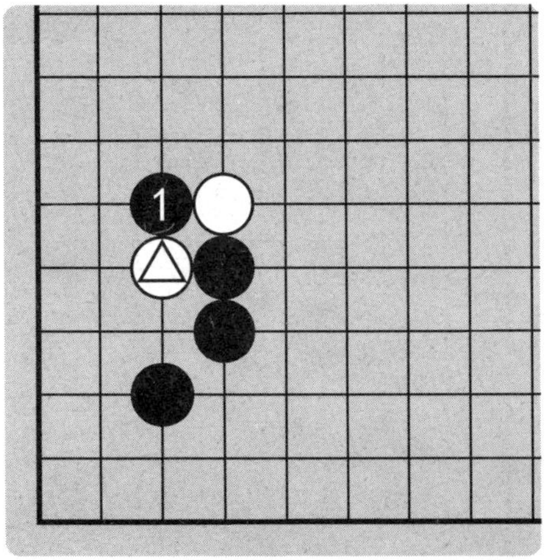

图四

断

题 2
请黑棋断开白△子。

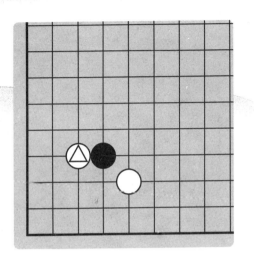

图一

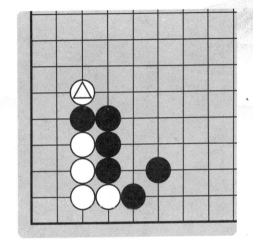

图二

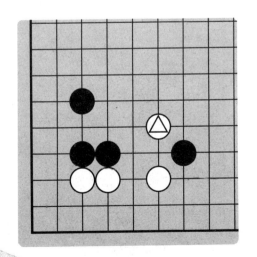

图三

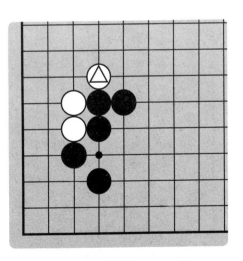

图四

断

答案2

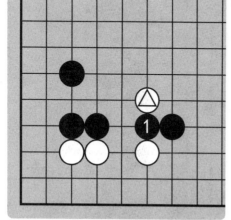

图一

图二

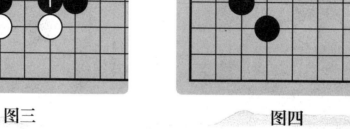

图三

图四

断

题 3
请黑棋断开白△子。

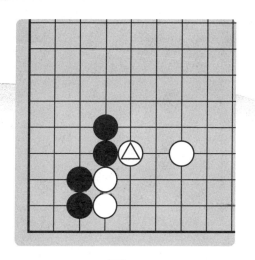

图一

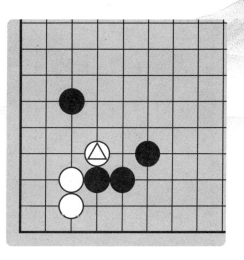

图二

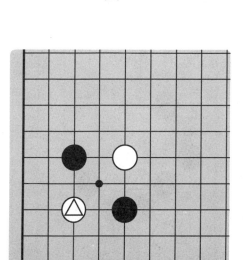

图三

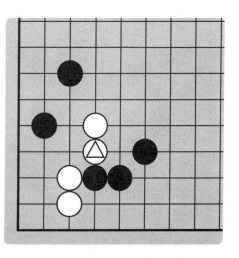

图四

断

答案3

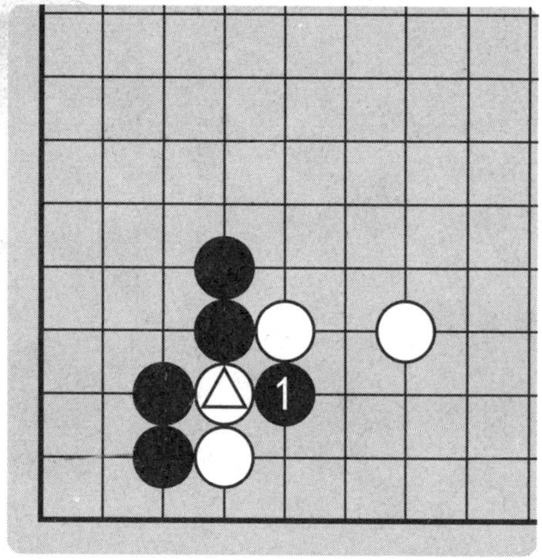

图一

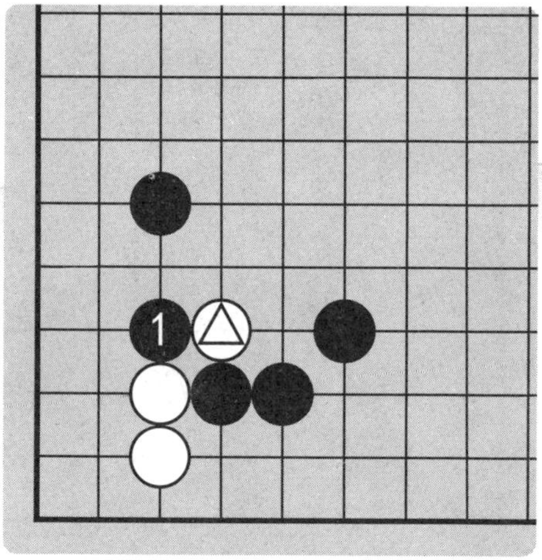

图二

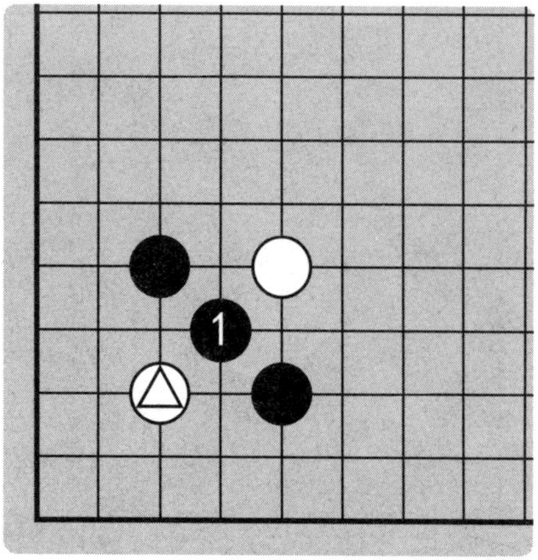

图三

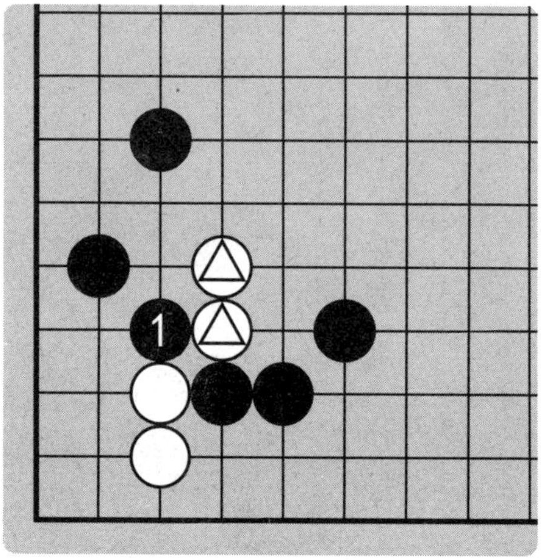

图四

056

断

题 4
请黑棋断开白△子。

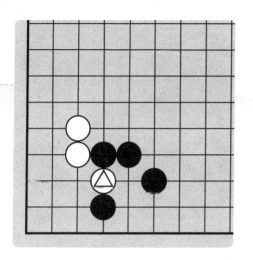

图一

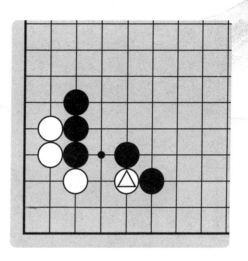

图二

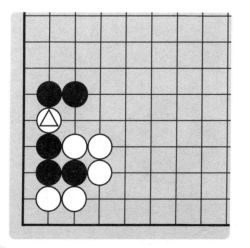

图三

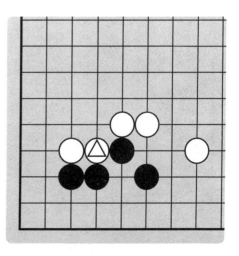

图四

断

答案 4

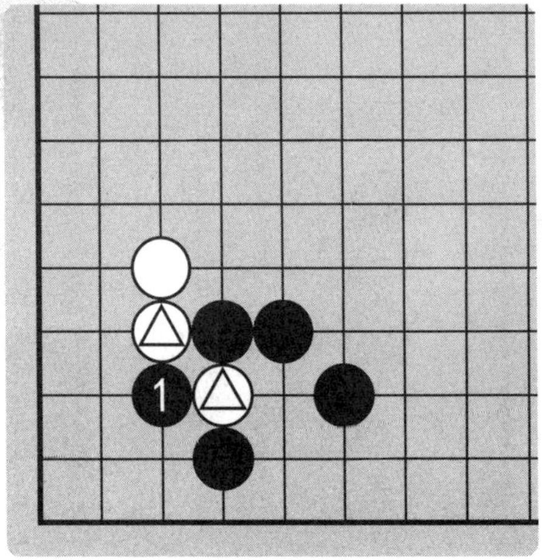

图一

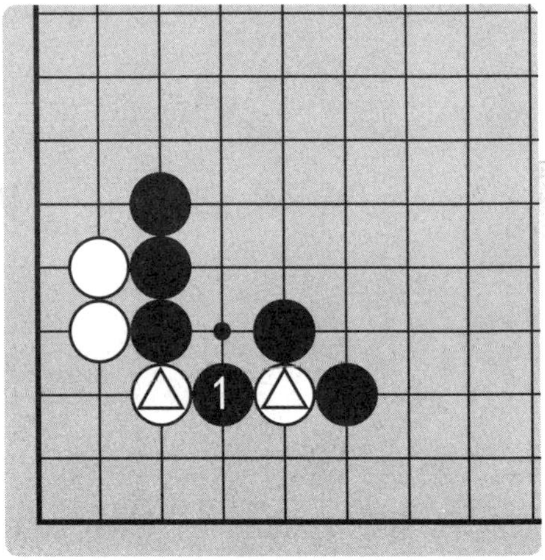

图二

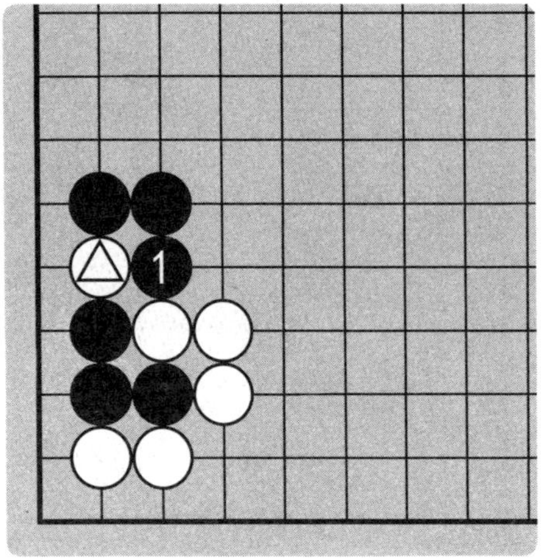

图三

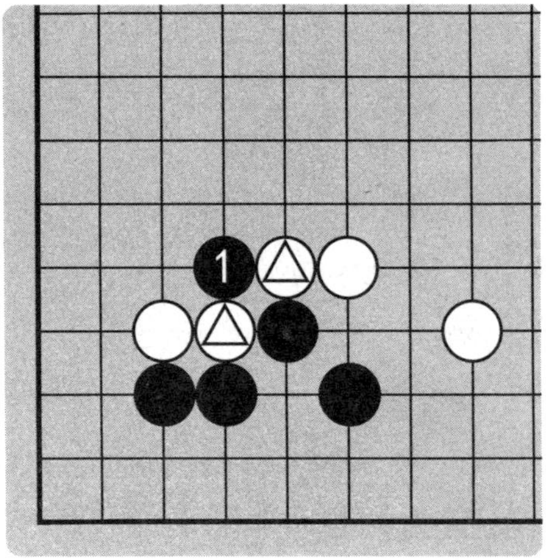

图四

断

题 5
请黑棋断开白△子。

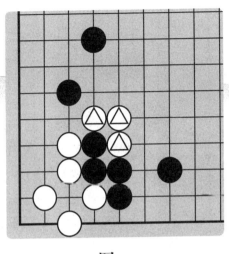

图一

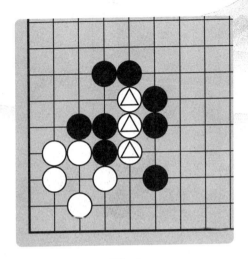

图二

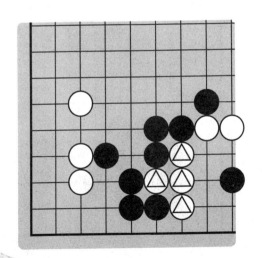

图三

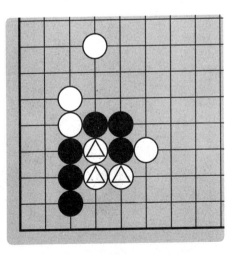

图四

断

答案 5

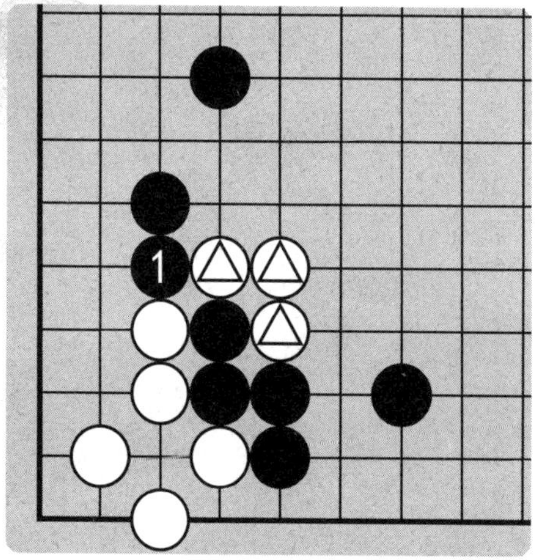

图一

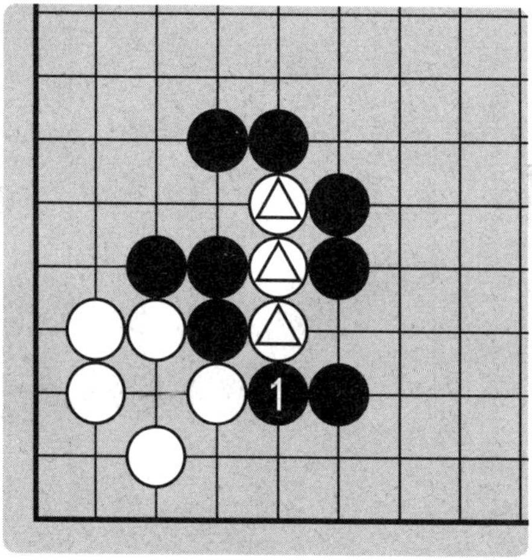

图二

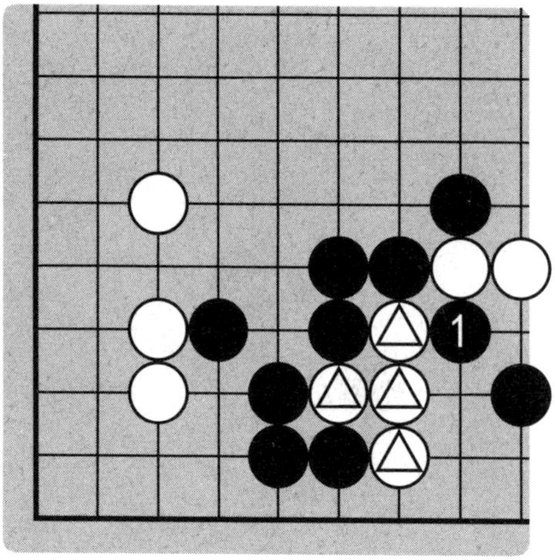

图三

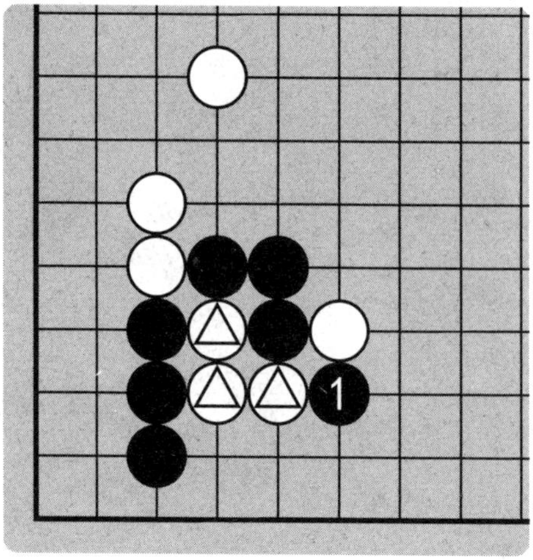

图四

断下对方棋子的连接
有效的吃法

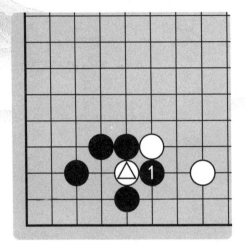

图一：黑❶断掉白㊣子叫吃。

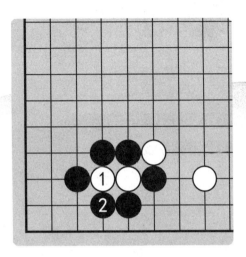

图二：白①跑还是一口气，黑❷吃白。

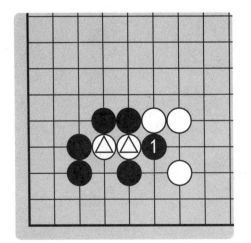

图三：黑❶断，叫吃。

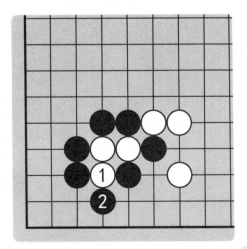

图四：白①跑还是一口气，黑❷吃白。

断吃

题 1
请黑棋用断吃的方法吃白△子。

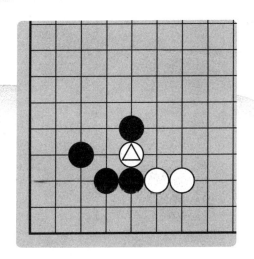

图一

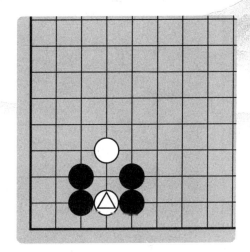

图二

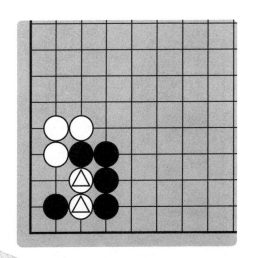

图三

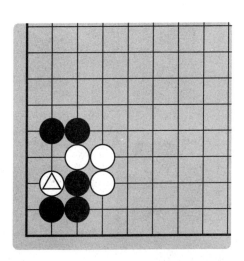

图四

断吃

答案1

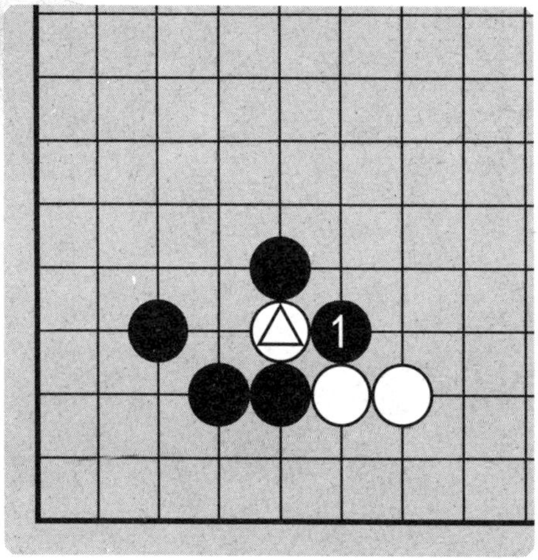

图一

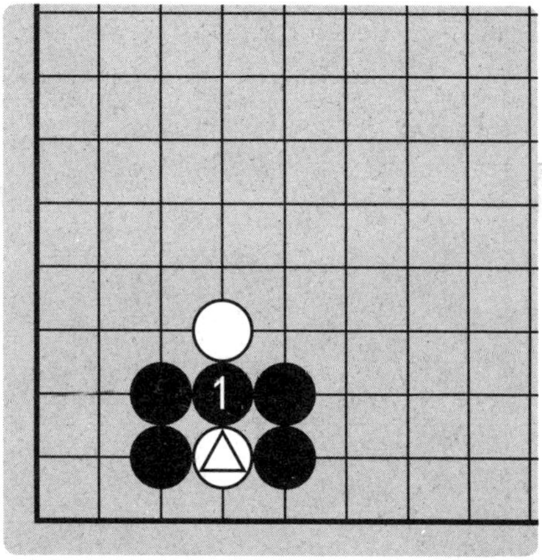

图二

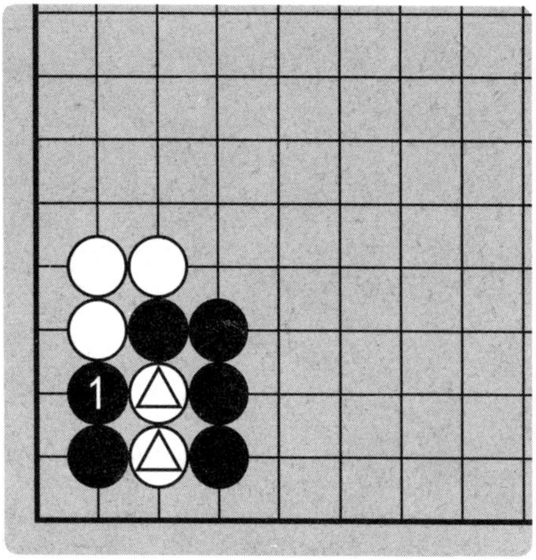

图三

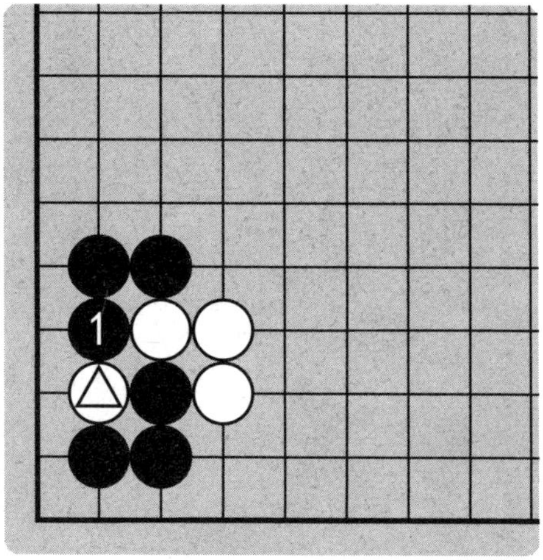

图四

断吃

题 2
请黑棋用断吃的方法吃白△子。

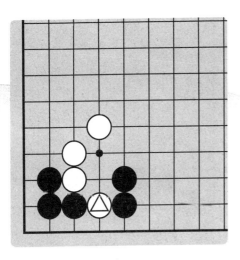

图一

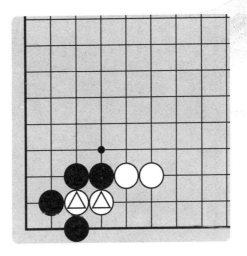

图二

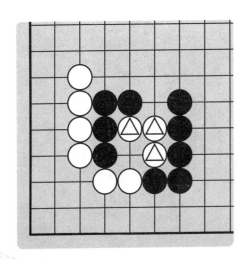

图三

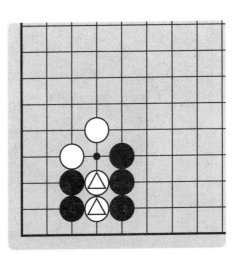

图四

断吃

答案 2

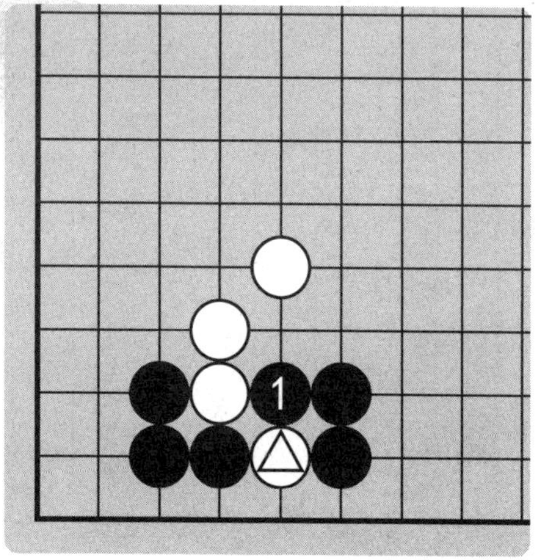

图一

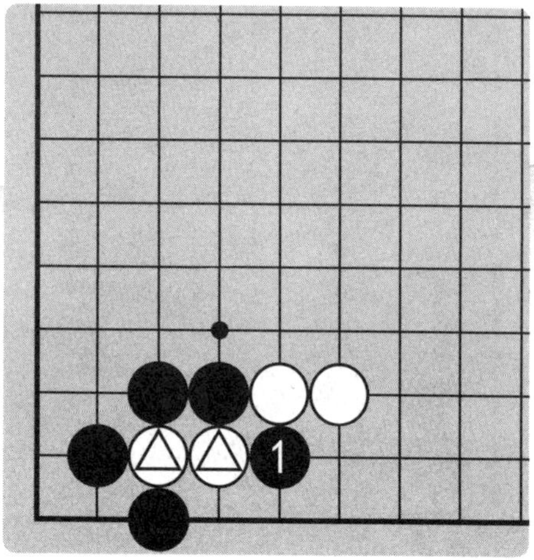

图二

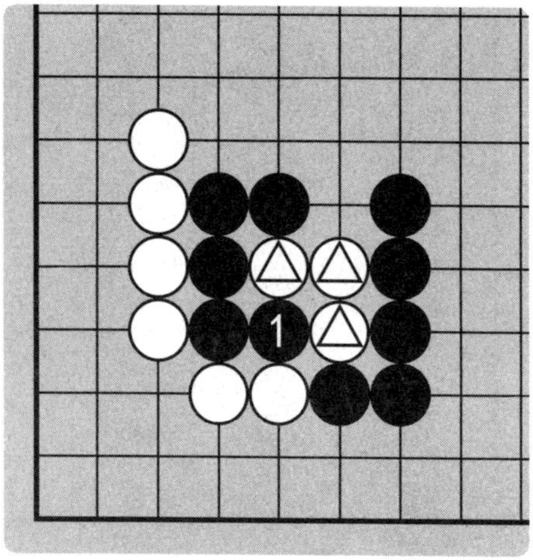

图三

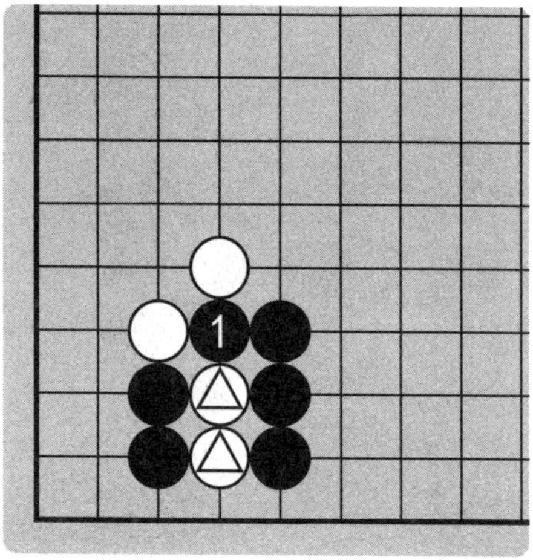

图四

断吃

题3
请黑棋用断吃的方法吃白△子。

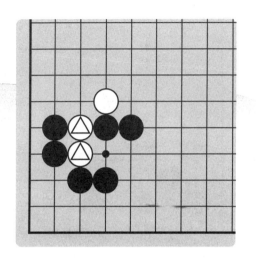

图一

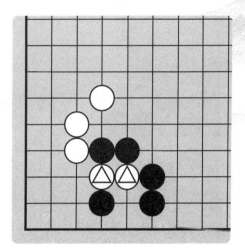

图二

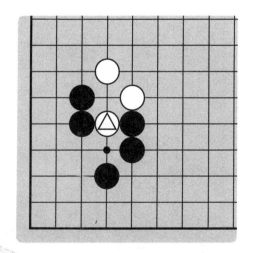

图三

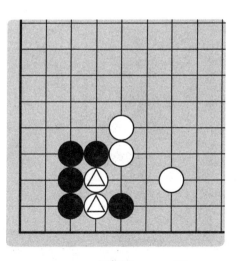

图四

断吃

答案 3

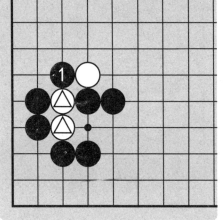

图一

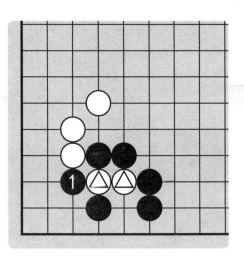

图二

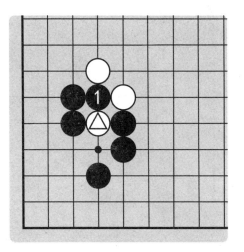

图三

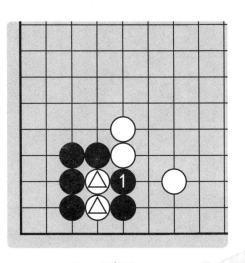

图四

断吃

题 4
请黑棋用断吃的方法吃白△子。

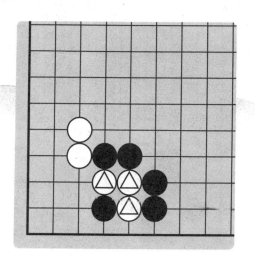

图一

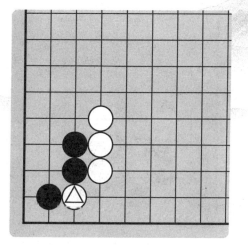

图二

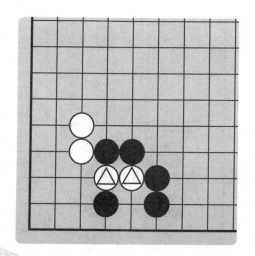

图三

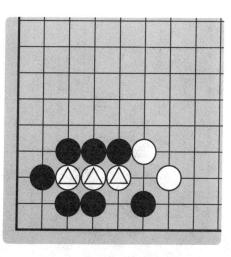

图四

断吃

答案4

图一

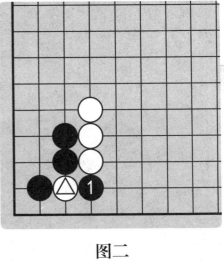

图二

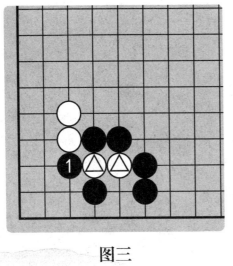

图三

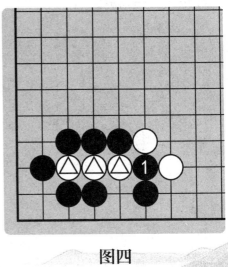

图四

断吃

题 5

请黑棋用断吃的方法吃白△子。

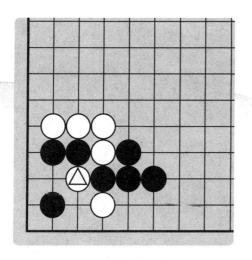

图一

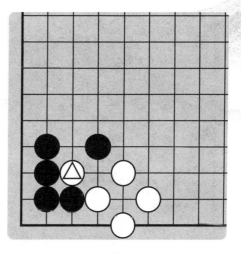

图二

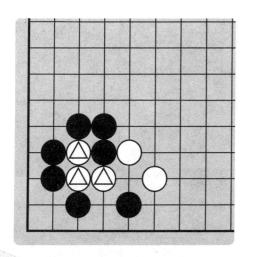

图三

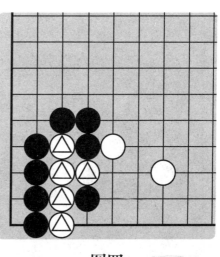

图四

断吃

答案 5

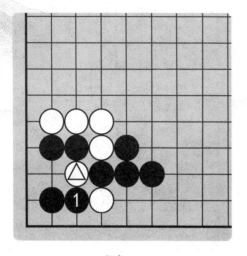

图一

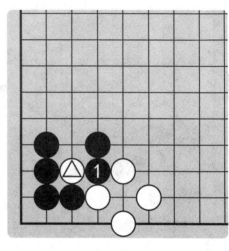

图二

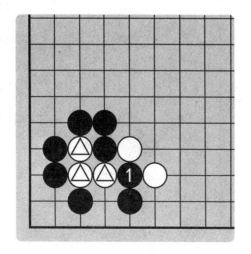

图三

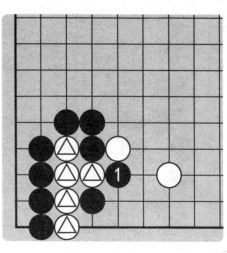

图四

九 虎

连接方法
但不是像"粘"一样直接补断
而是利用气将断点防住

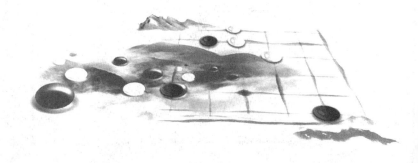

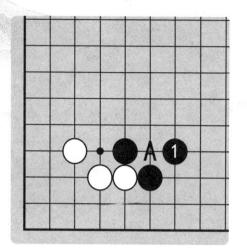

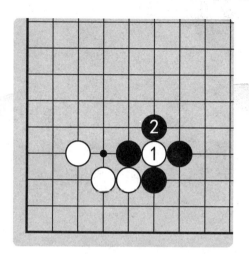

图一：A 点是黑棋的断点，黑❶紧挨着 A 点下。

图二：白①如果依然下在断点上，这是"虎口"会被吃掉。

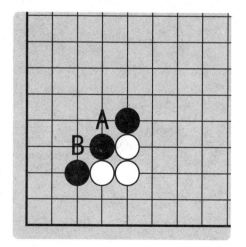

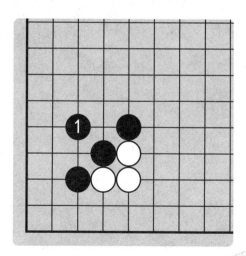

图三：黑有 A、B 两处断点。

图四：用虎的方法，将两处断点都防守住。

虎

题 1
请黑棋用虎的方法连接黑△子。

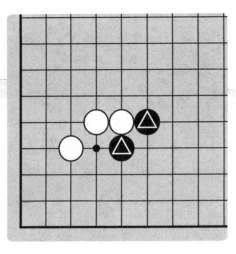

图一

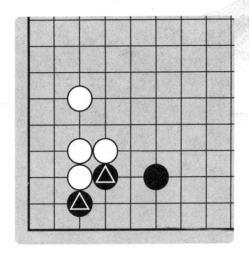

图二

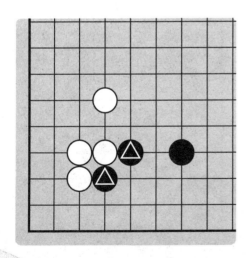

图三

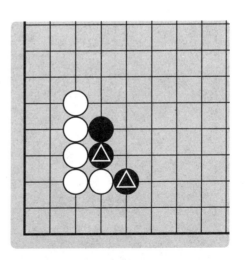

图四

虎

答案1

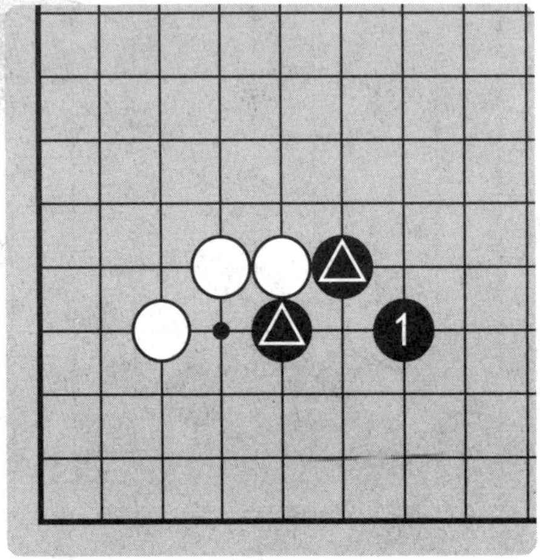

图一

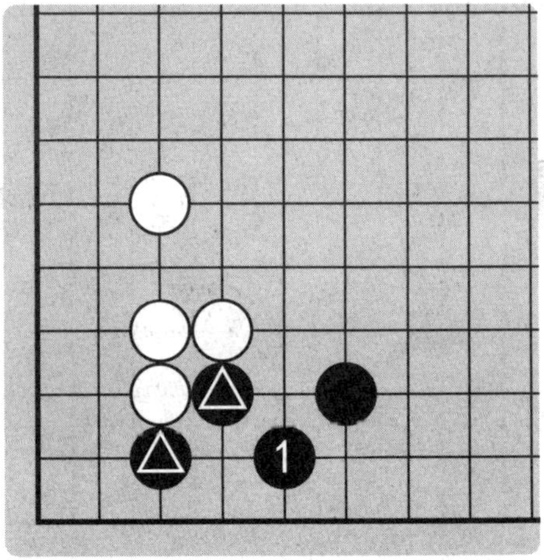

图二

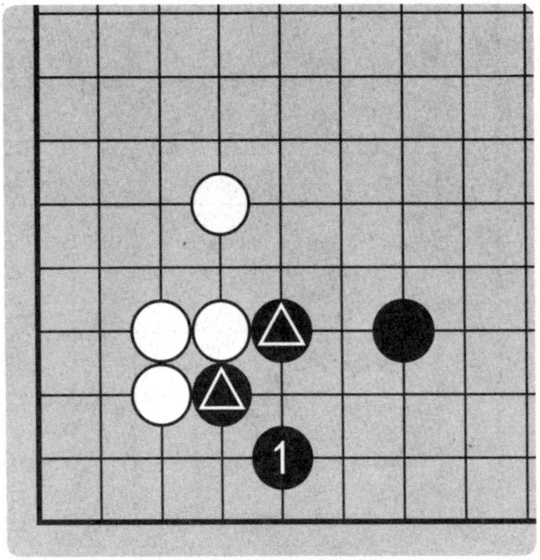

图三

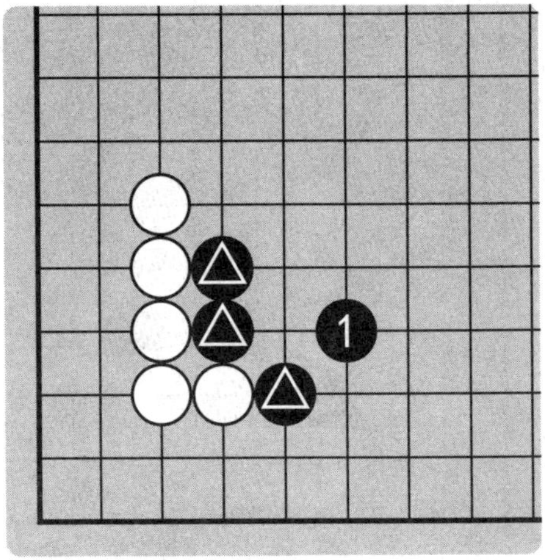

图四

虎

题2
请黑棋用虎的方法连接黑△子。

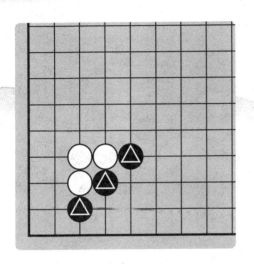

图一

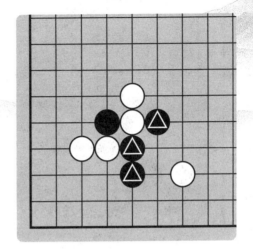

图二

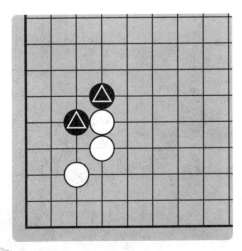

图三

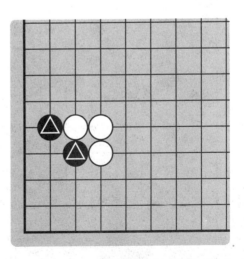

图四

虎

答案 2

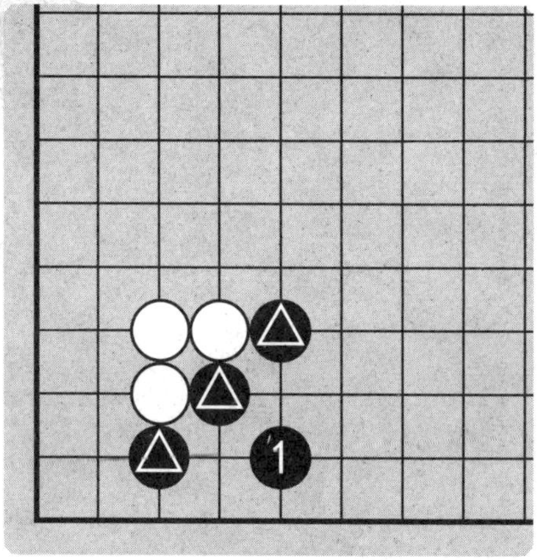

图一

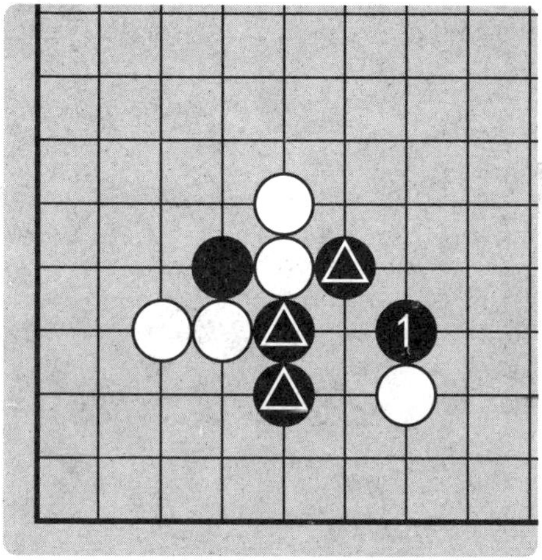

图二

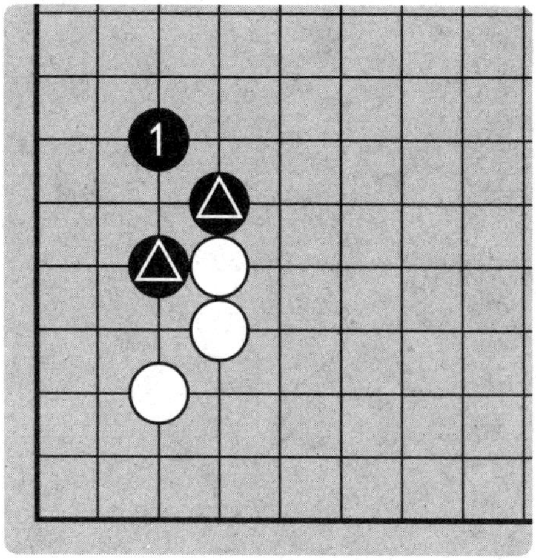

图三

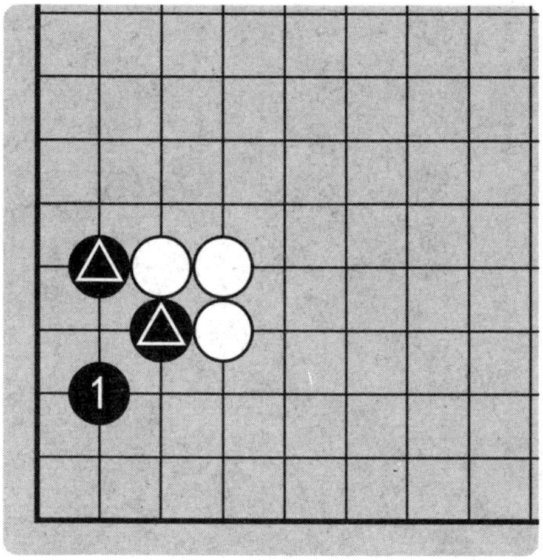

图四

虎

题 3
请黑棋用虎的方法连接黑△子。

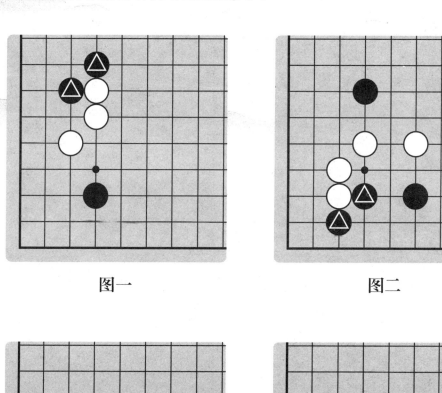

图一

图二

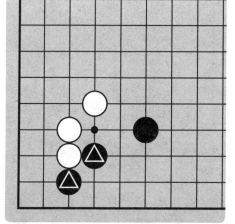

图三

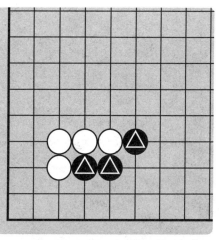

图四

虎

答案3

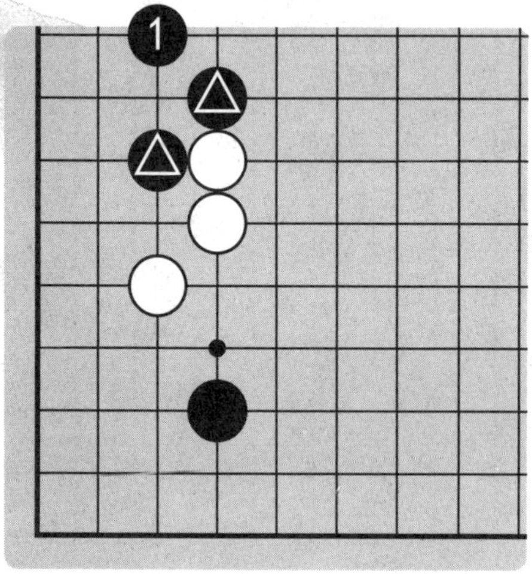

图一

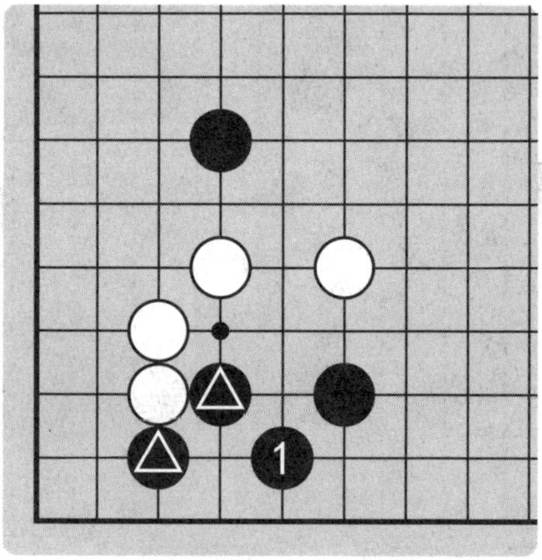

图二

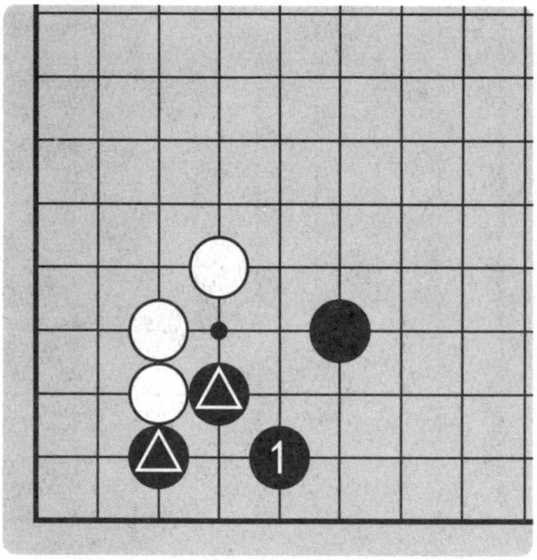

图三

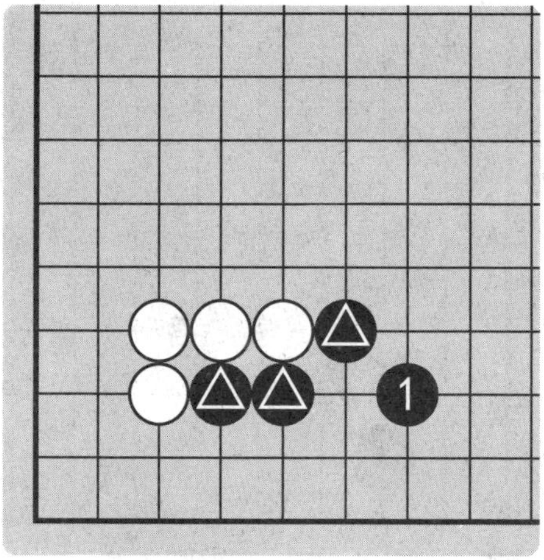

图四

虎

题 4
请黑棋用虎的方法连接黑△子。

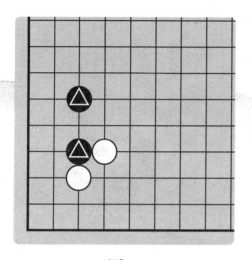

图一

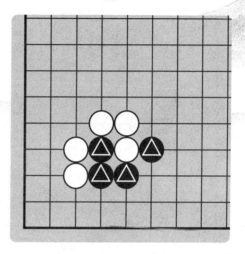

图二

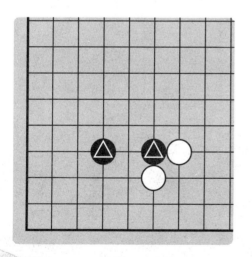

图三

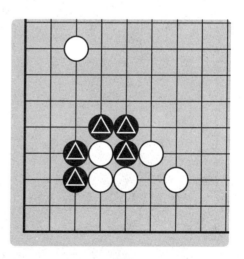

图四

虎

答案 4

图一

图二

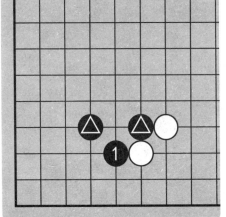

图三

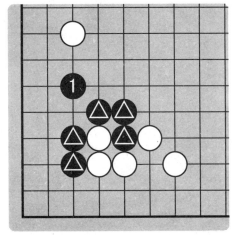

图四

虎

题 5
请黑棋用虎的方法连接黑△子。

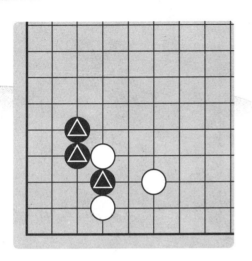

图一

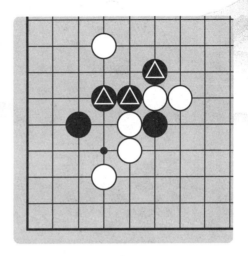

图二

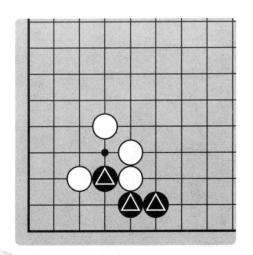

图三

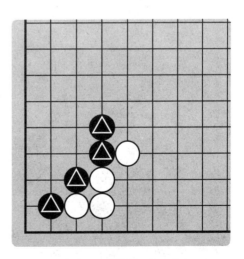

图四

虎

答案 5

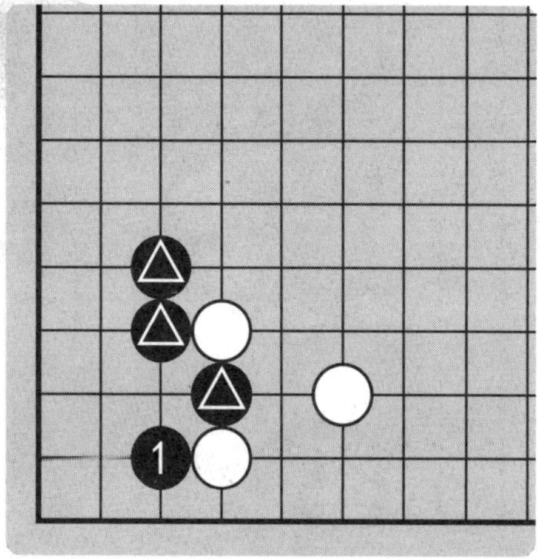

图一

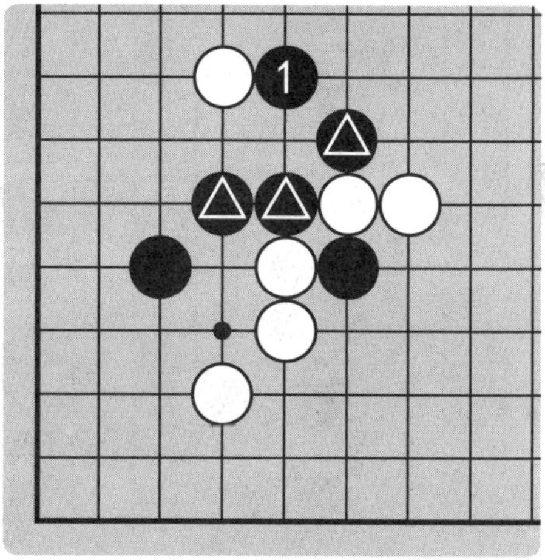

图二

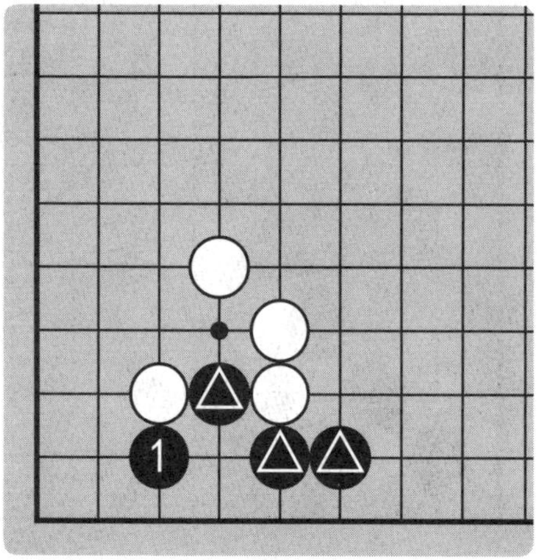

图三

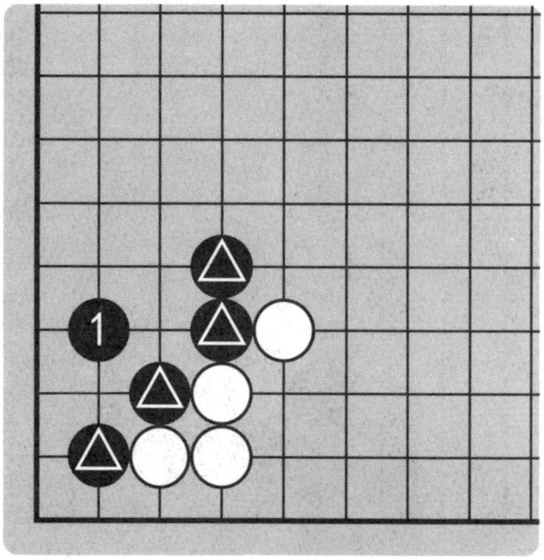

图四

十禁入点

下在这个位置不能吃对方的子
自己又没有气
因此规则不允许下在此处

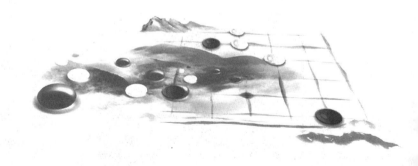

围棋入门

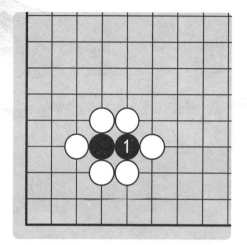

图一：黑❶没有气，禁入点。

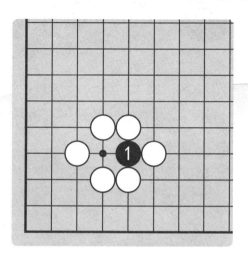

图二：黑❶还有一口气，可以下。

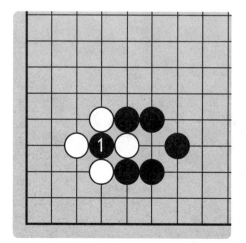

图三：黑❶不能吃对方的子又没有气，禁入点。

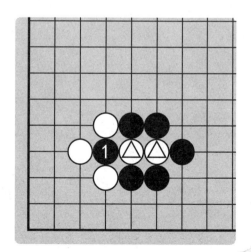

图四：黑❶可以吃白△子，所以不是禁入点。

禁入点

题 1

请在可以下子处的 ☐ 打 √，禁入点打 ×。

☐ 图一　　　　　　　　　图二 ☐

☐ 图三　　　　　　　　　图四 ☐

禁入点

答案1

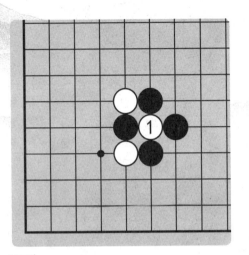

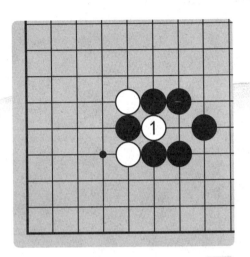

图一：不能吃，没有气，是禁入点。

图二：有一口气，不是禁入点。

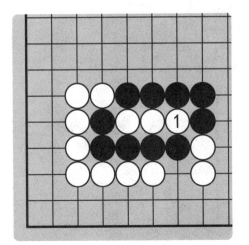

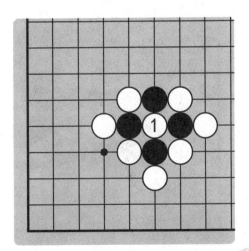

图三：不能吃，没有气，是禁入点。

图四：能吃掉△黑子，不是禁入点。

禁入点

题 2

请在可以下子处的 ☐ 打√，禁入点打 ×。

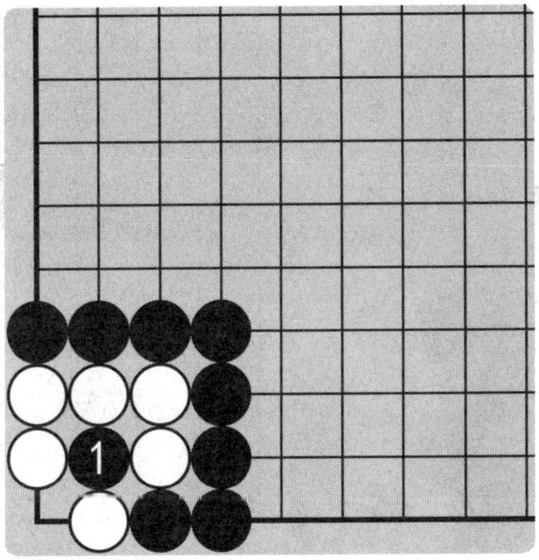

图一

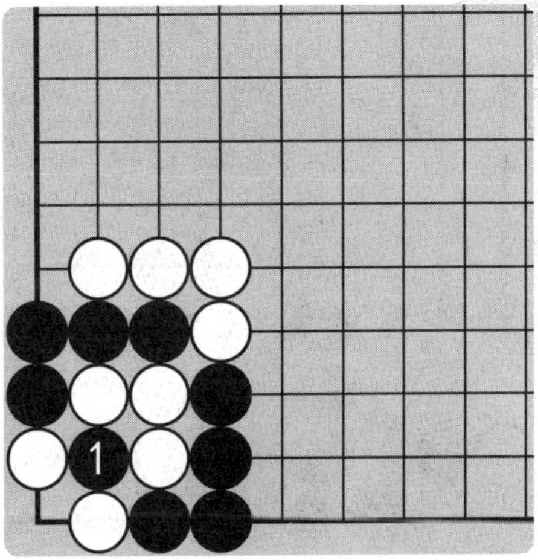

图二

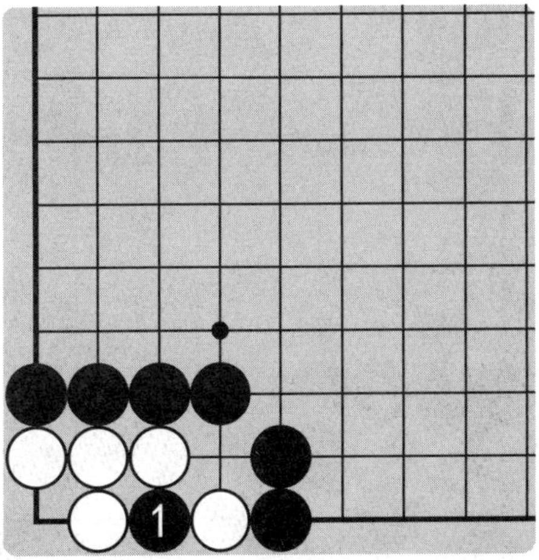

图三

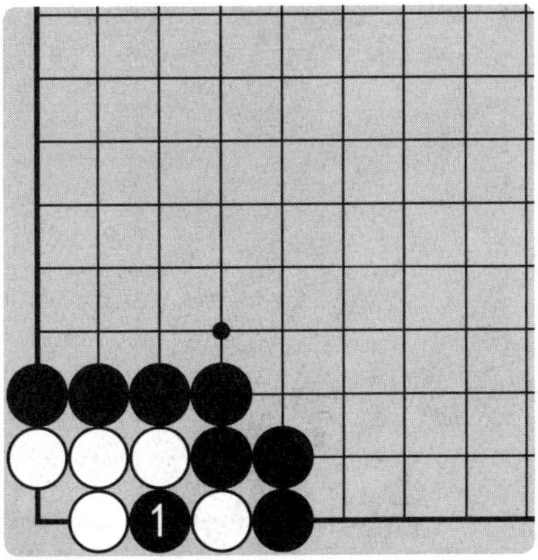

图四

禁入点

答案 2

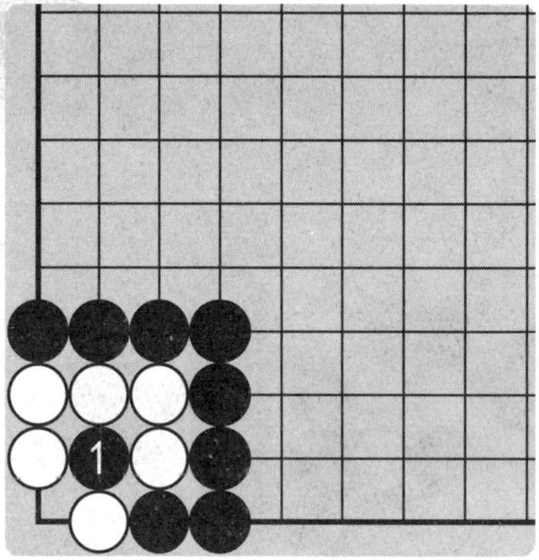

图一 ✗

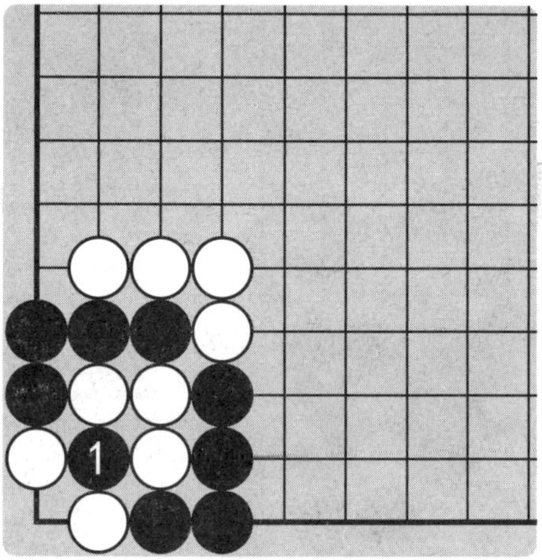

图二 ✓

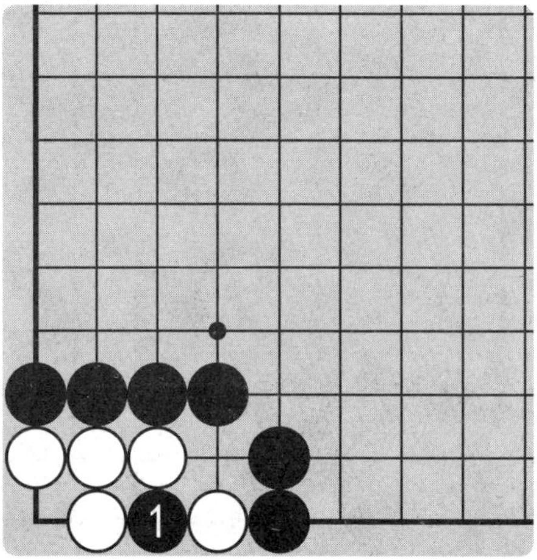

图三 ✗

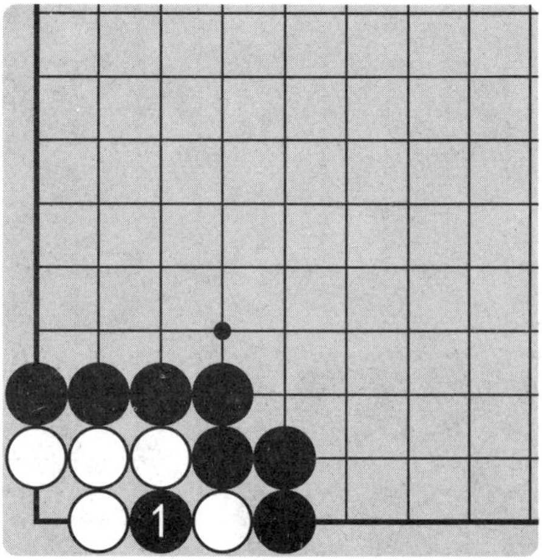

图四 ✓

禁入点

题 3

请在可以下子处的 ☐ 打√，禁入点打 ×。

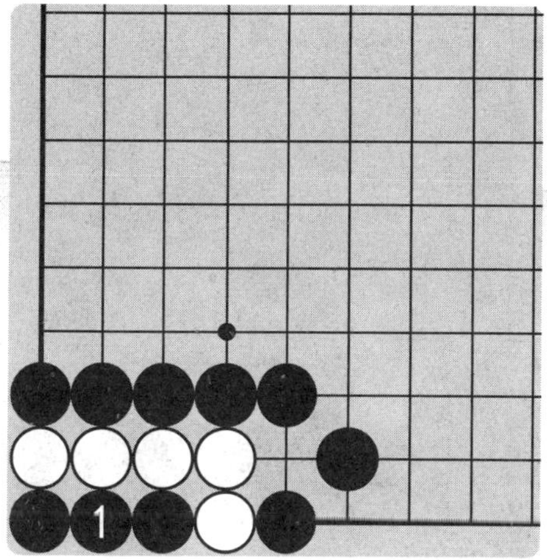

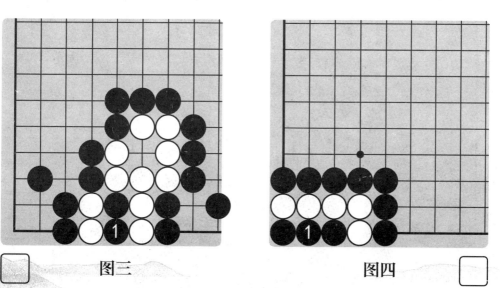

图一 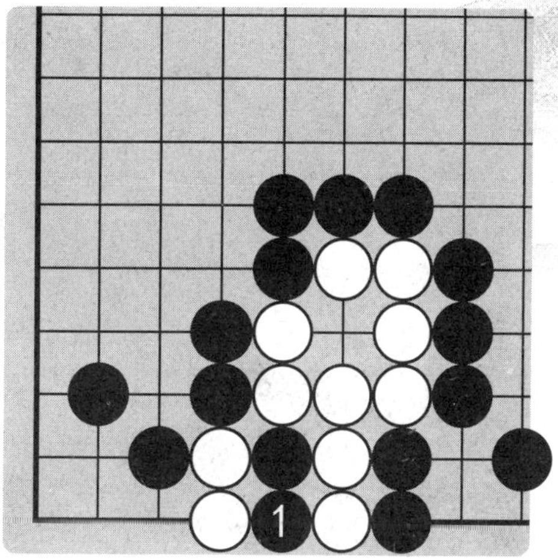　　图二

图三　　图四

禁入点

答案 3

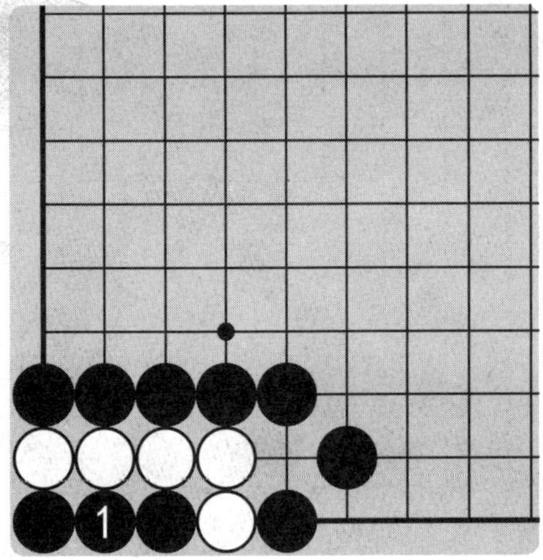

图一 ✗

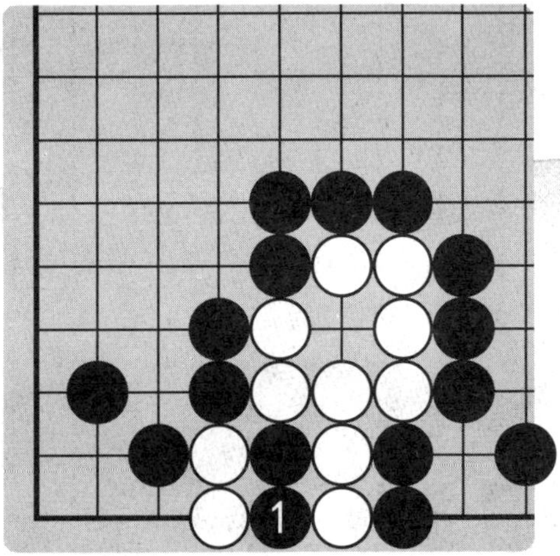

图二 ✗

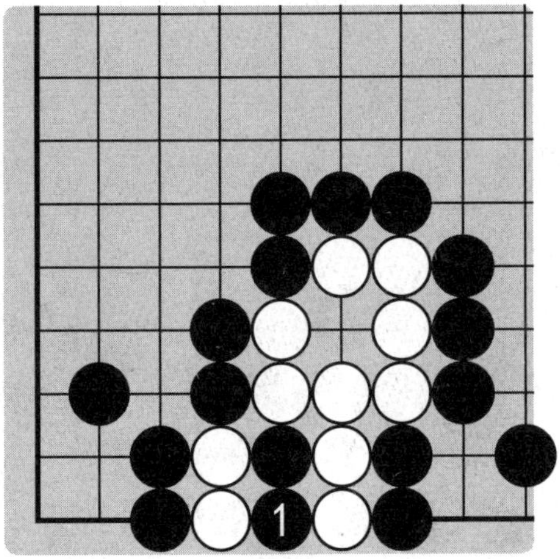

图三 ✓

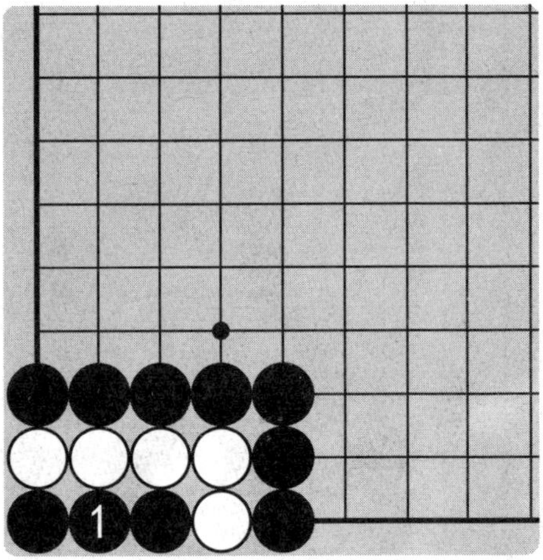

图四 ✓

禁入点

题 4

请在可以下子处的 ☐ 打√，禁入点打 ×。

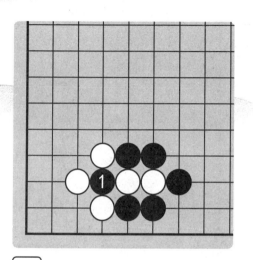

图一

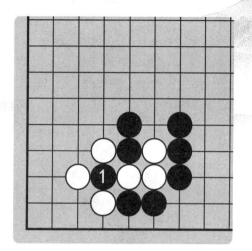

图二

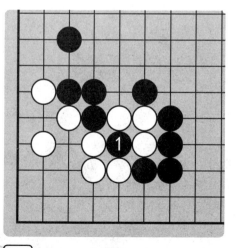

图三

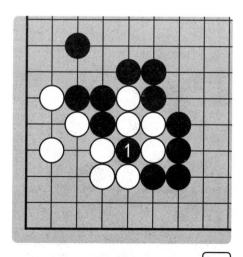

图四

禁入点

答案 4

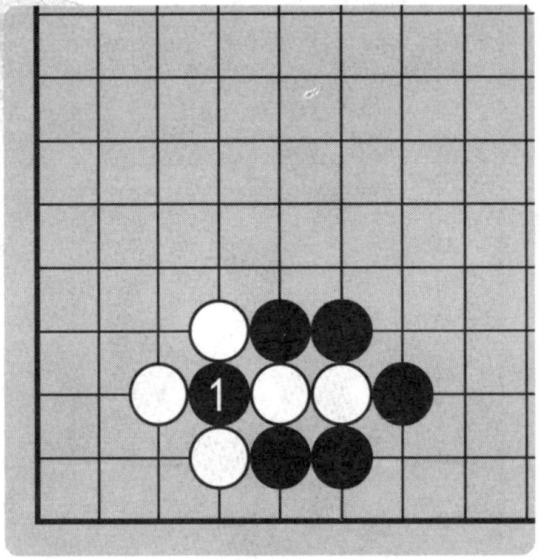

图一 ✓

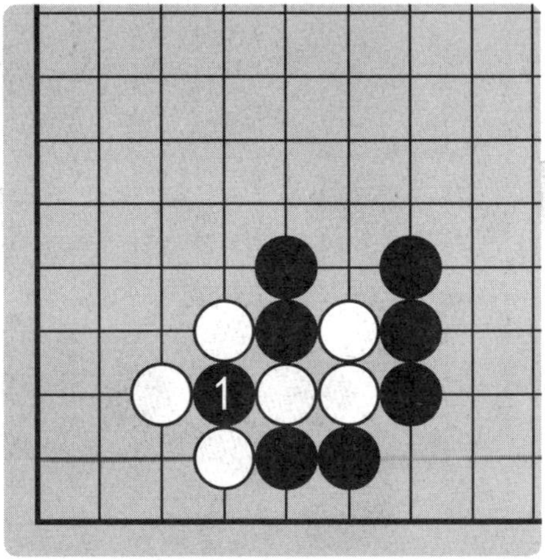

图二 ✗

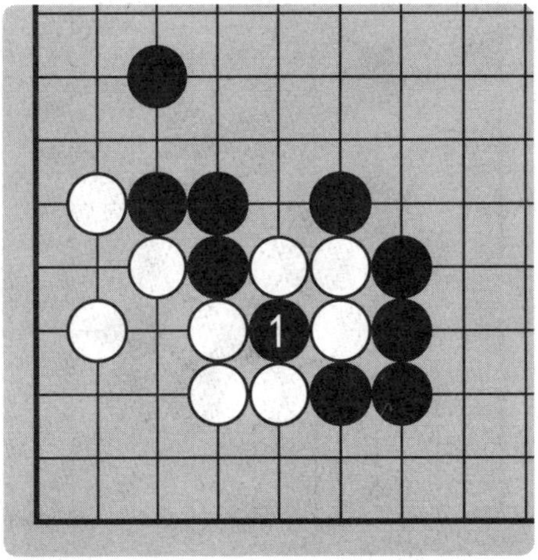

图三 ✗

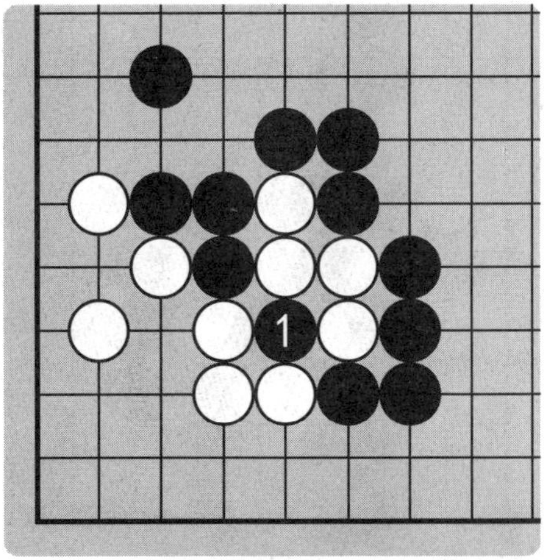

图四 ✓

禁入点

题 5

请在可以下子处的 ☐ 打 √，禁入点打 ×。

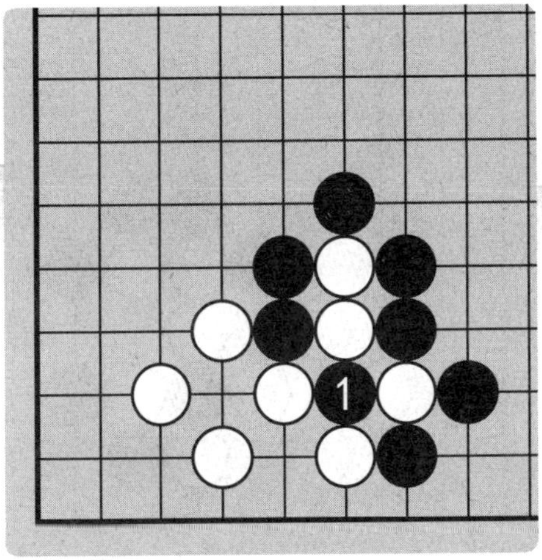

图一 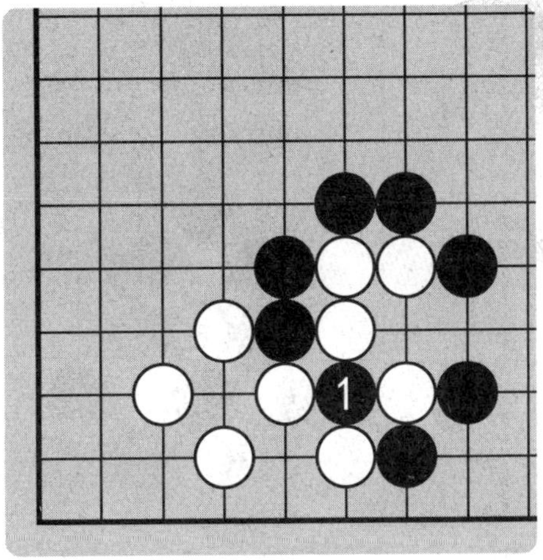 ☐　　图二 ☐

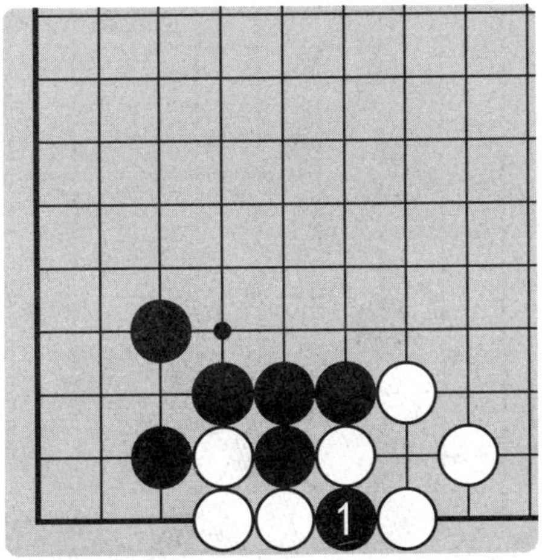

图三 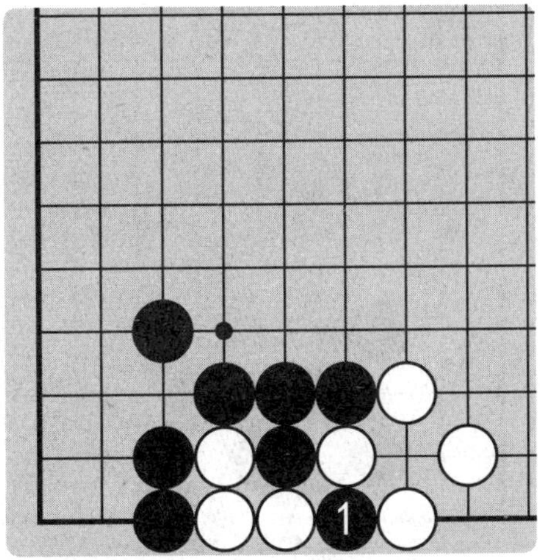 ☐　　图四 ☐

禁入点

答案 5

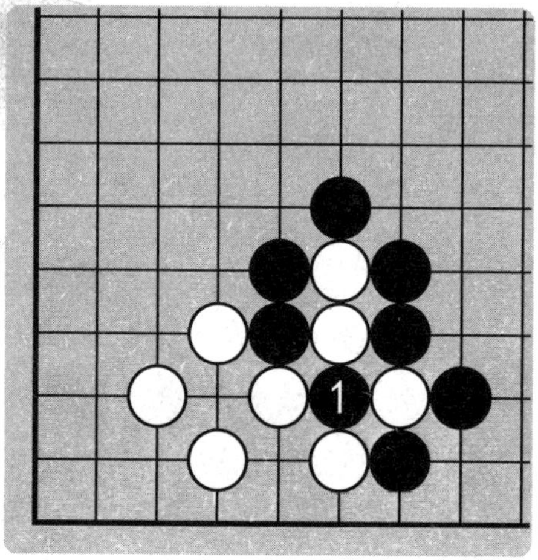

图一 ✓

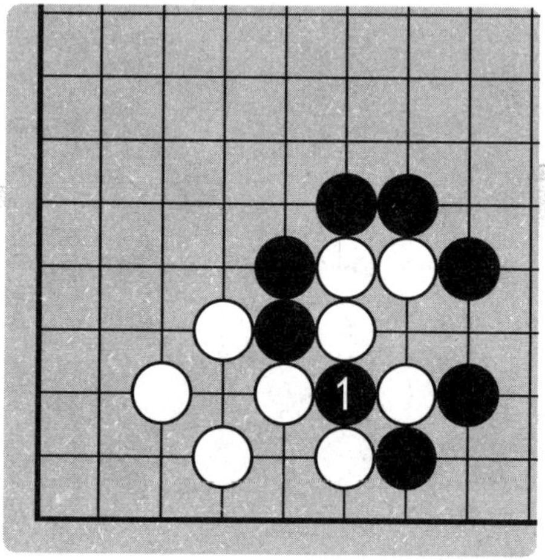

图二 ✗

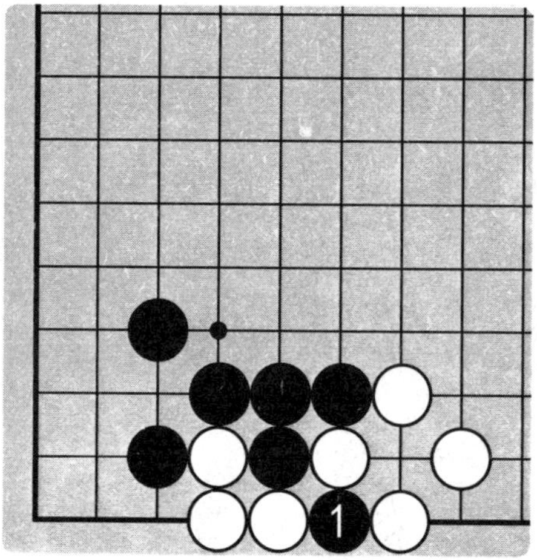

图三 ✗

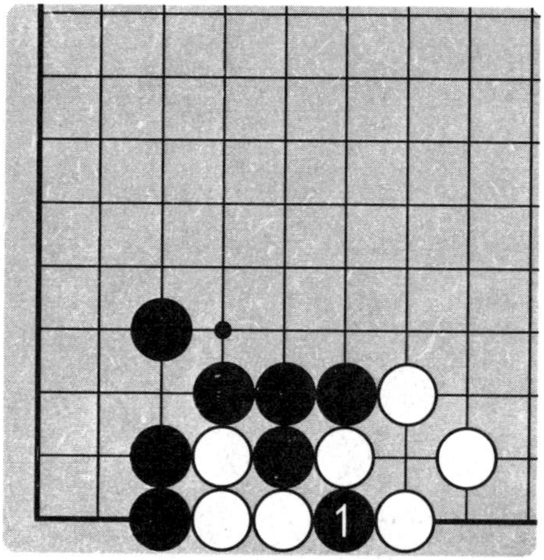

图四 ✓

十一 劫

互相可以吃对方一个子
为了避免来回争夺不休
规则规定上一步棋刚被提不可以马上回提
必须隔一个来回之后才可以回提

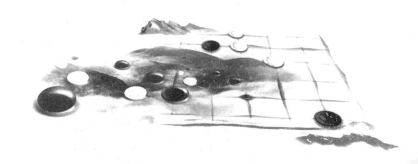

围棋入门

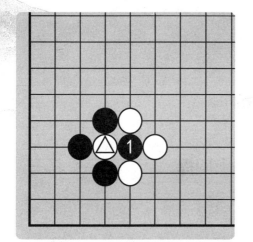

图一：黑提掉白△一子。

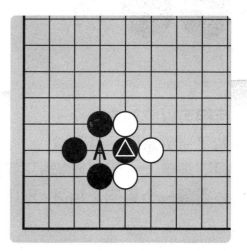

图二：本图是图一后的样子，白也能在 A 位吃黑△子。但是规则不允许马上回吃。

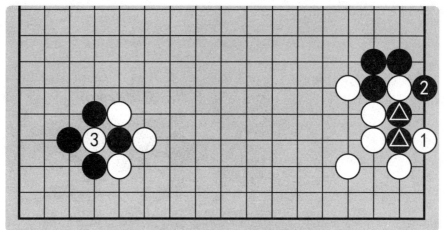

图三：本图接图二，此时黑棋刚提劫，因此白①叫吃，称为找劫，黑❷应之后，白③才可以提。

劫

题 1
请在打劫处提白△子。

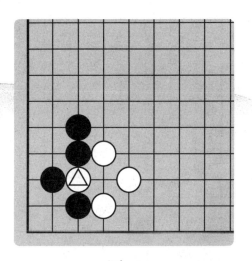

图一

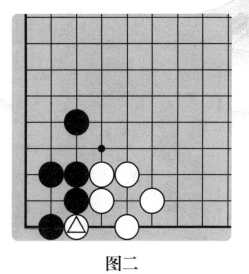

图二

图三

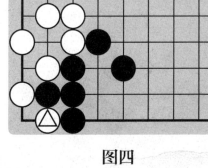

图四

劫

答案 1

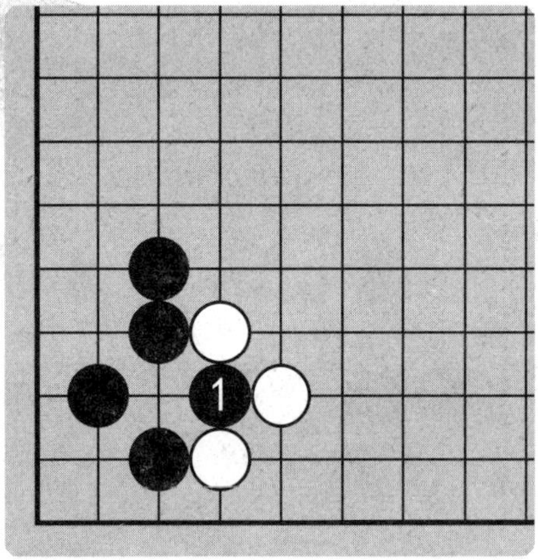

图一

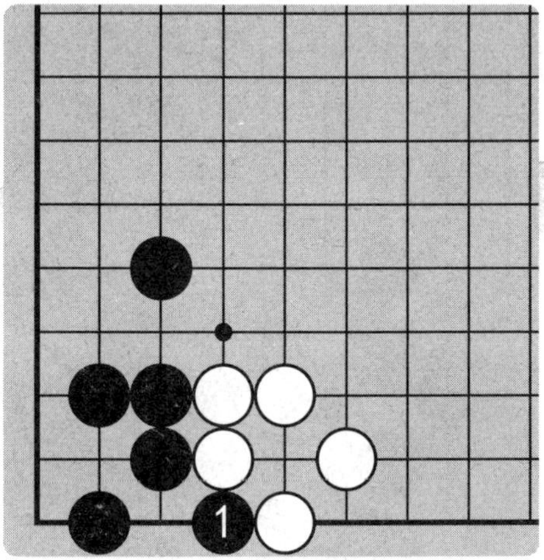

图二

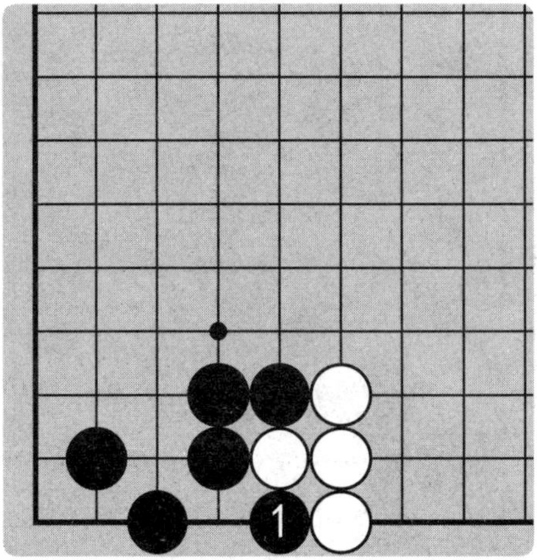

图三

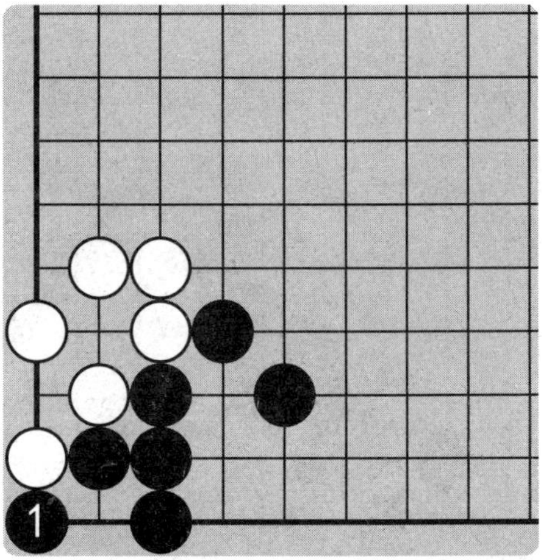

图四

劫

题 2
请在打劫处提白△子。

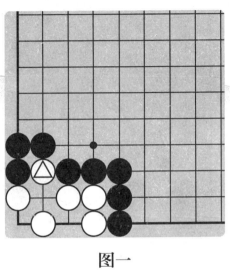
图一

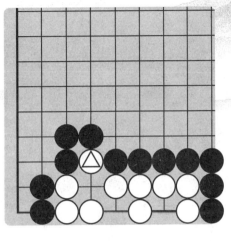
图二

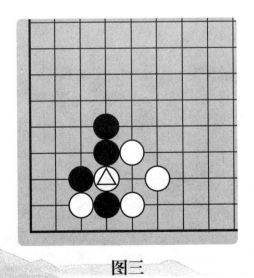
图三

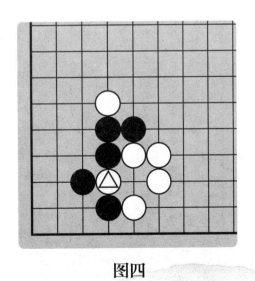
图四

劫

答案 2

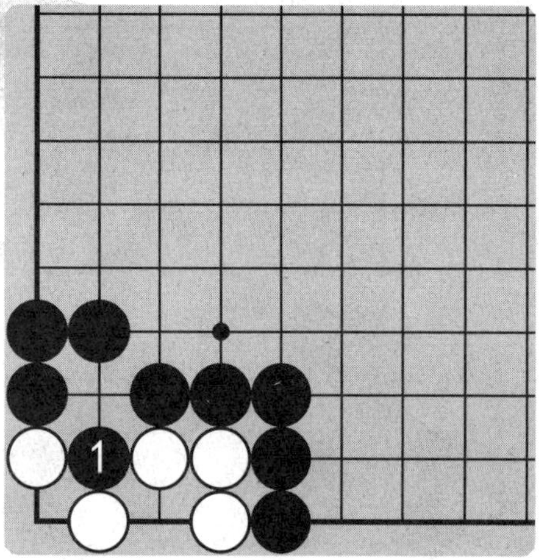

图一

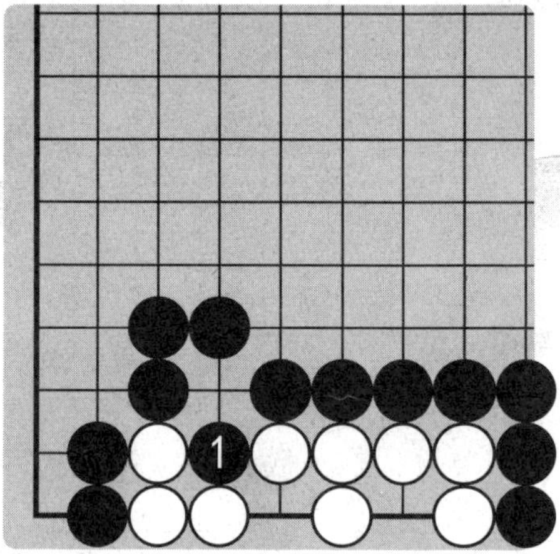

图二

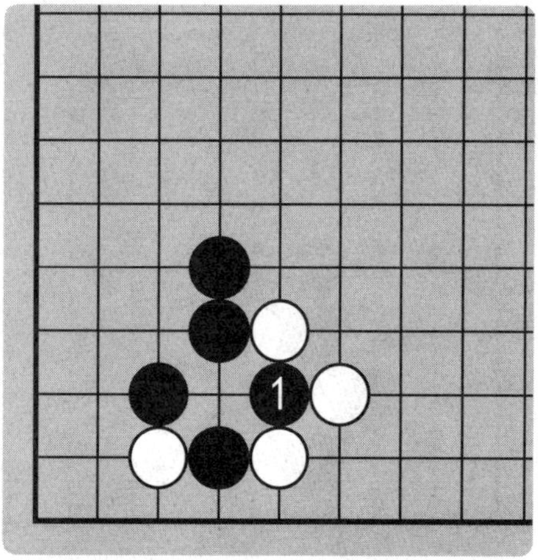

图三

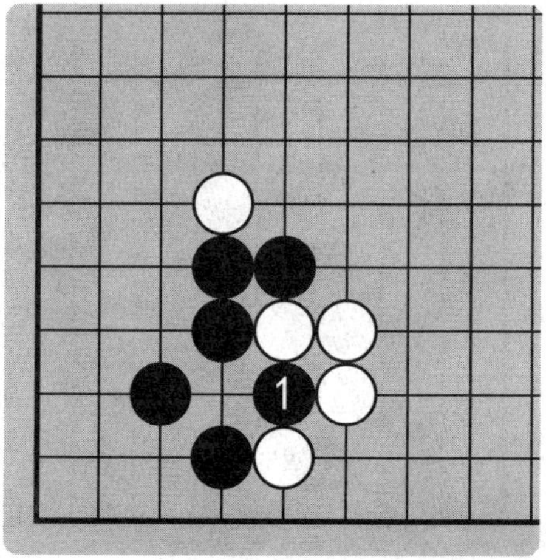

图四

劫

题 3
请在打劫处提白 ⓐ 子。

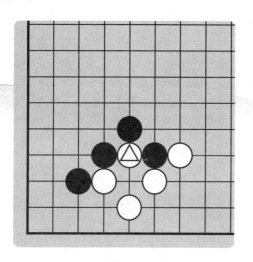

图一

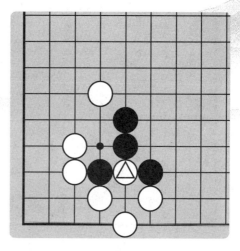

图二

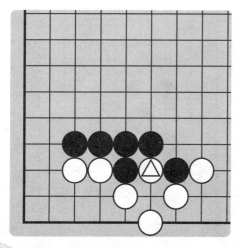

图三

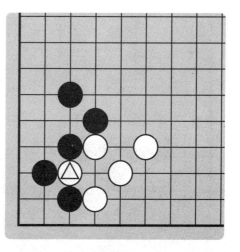

图四

劫

答案3

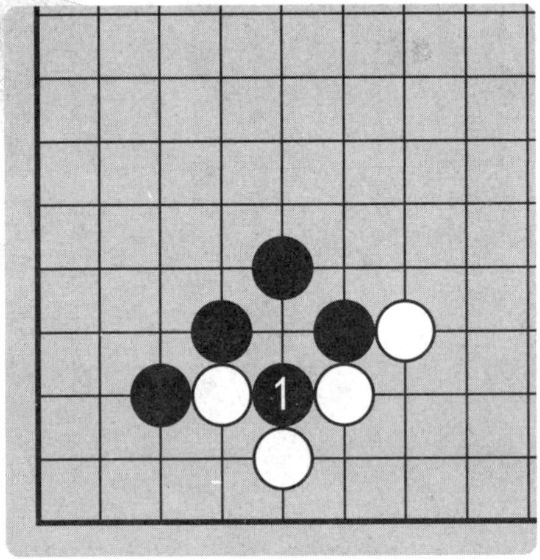

图一

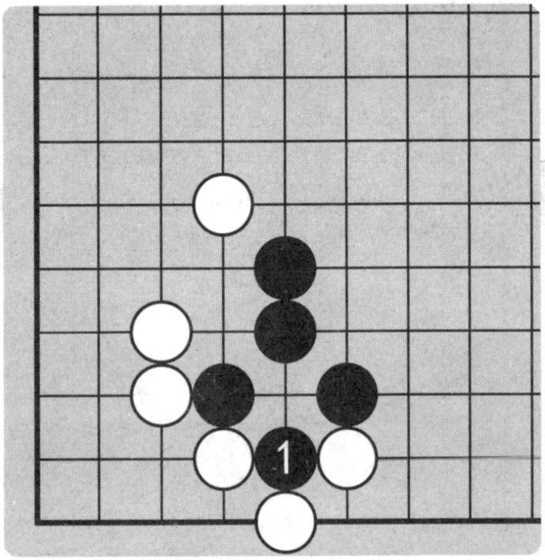

图二

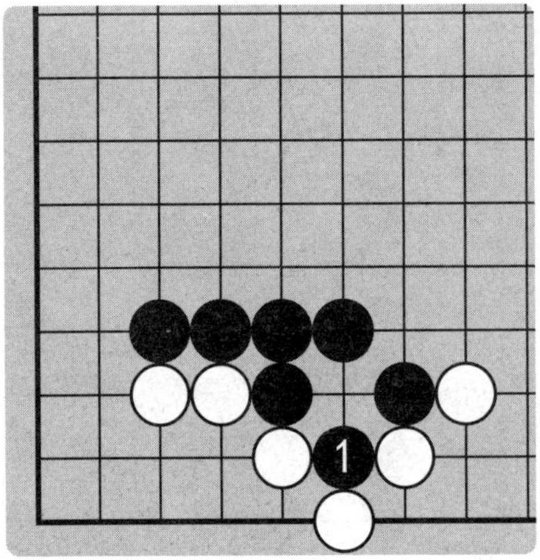

图三

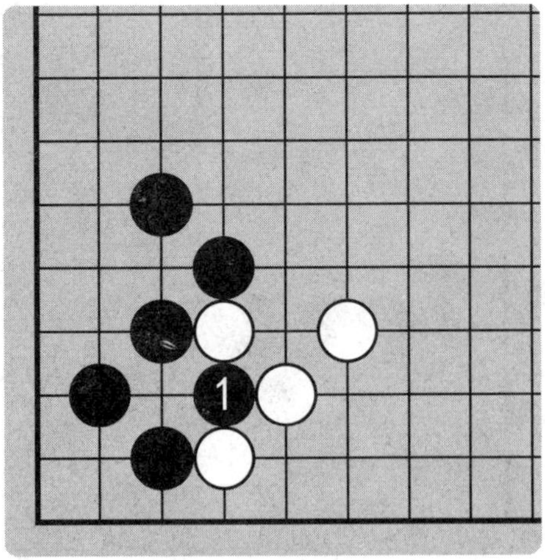

图四

劫

题 4

请在打劫处的 ☐ 打 √，不是打 ×。

提示：打劫时双方都只能吃对方一子！

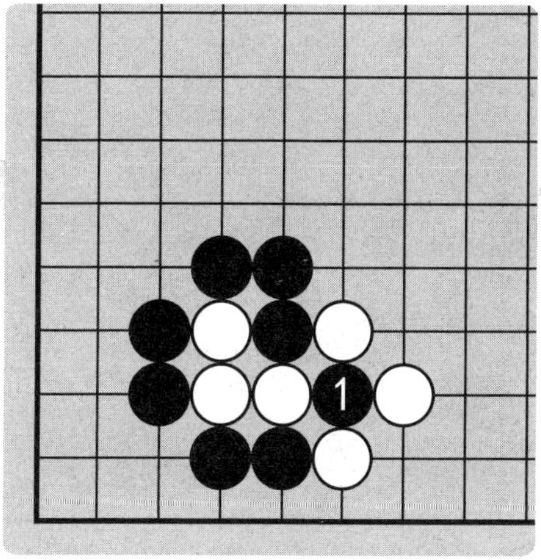

图一

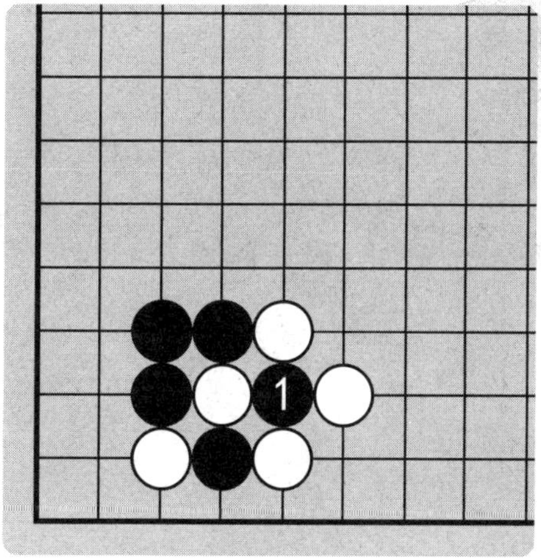

图二

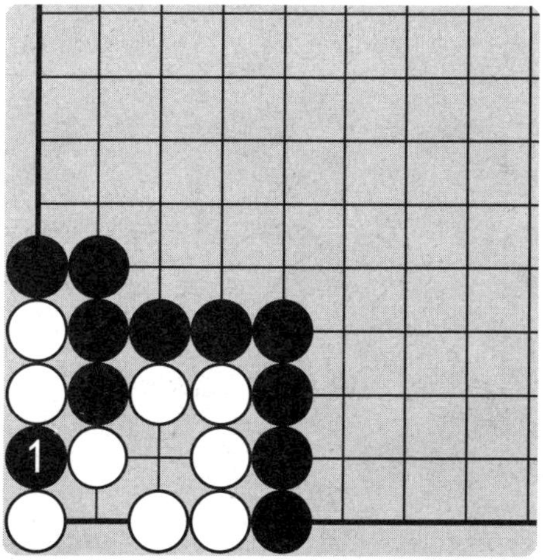

图三

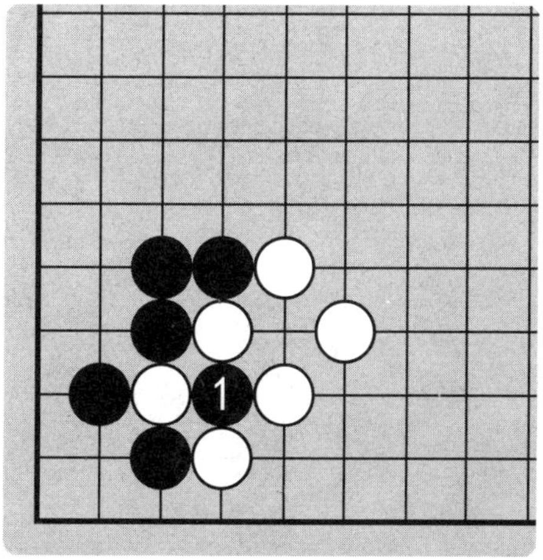

图四

劫

答案 4

✗ 图一

✓ 图二

✗ 图三

✓ 图四

劫

题 5

请在打劫处的 ☐ 打√，不是打 ×。

☐ 图一　　　　　　　　　图二 ☐

☐ 图三　　　　　　　　　图四 ☐

劫

答案 5

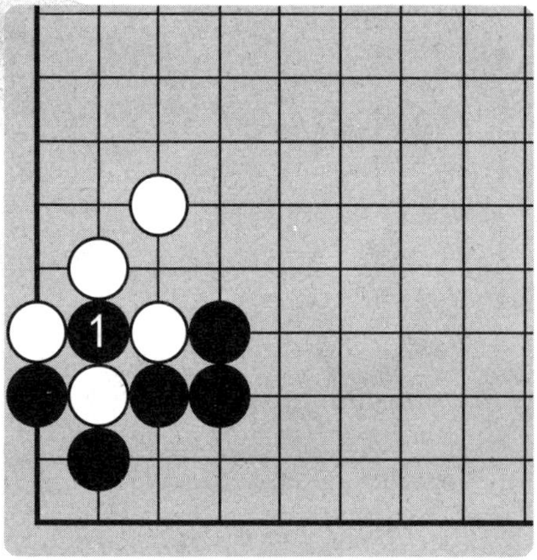

图一 ✓

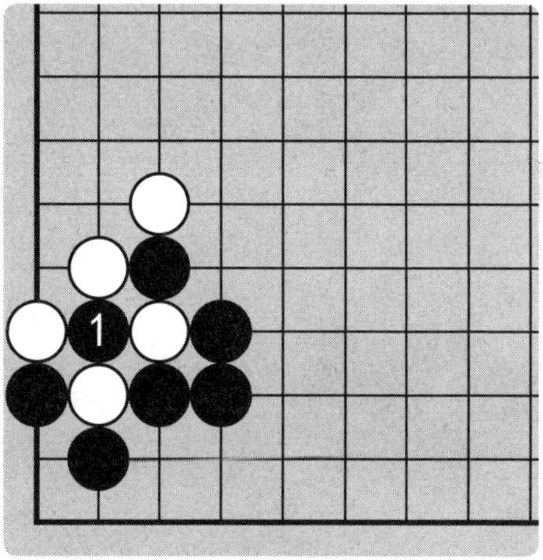

图二 ✗

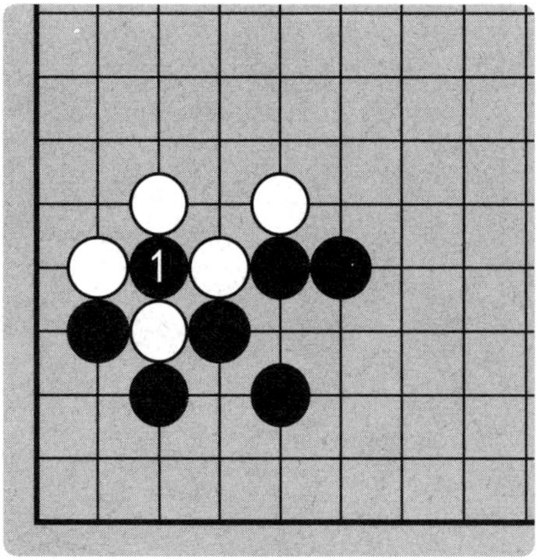

图三 ✓

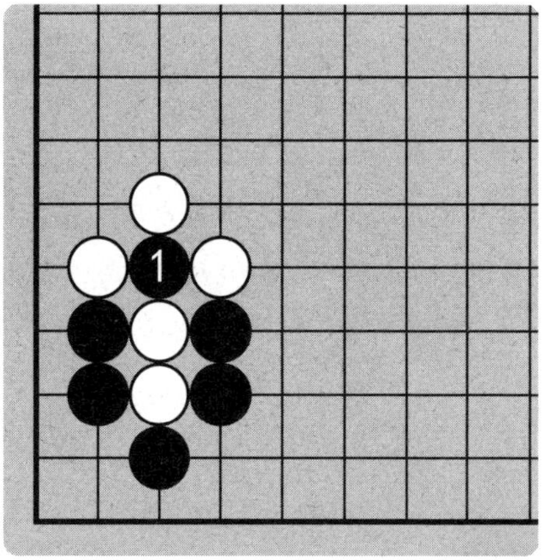

图四 ✗

十二 棋盘

棋盘上有九个黑点
统称星
中央的星又名天元

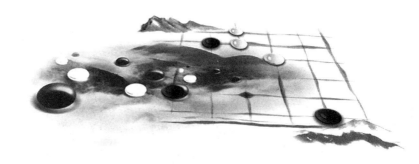

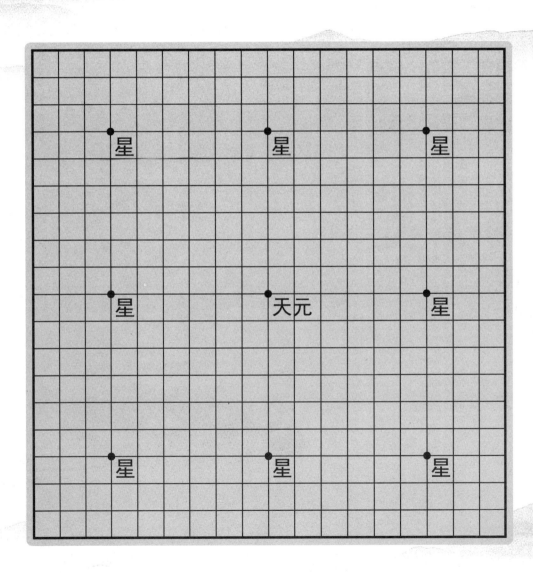

三线、四线是开局围地盘合理的位置，过高会落空，过低效率偏底，一路线就是低效率的代名词。

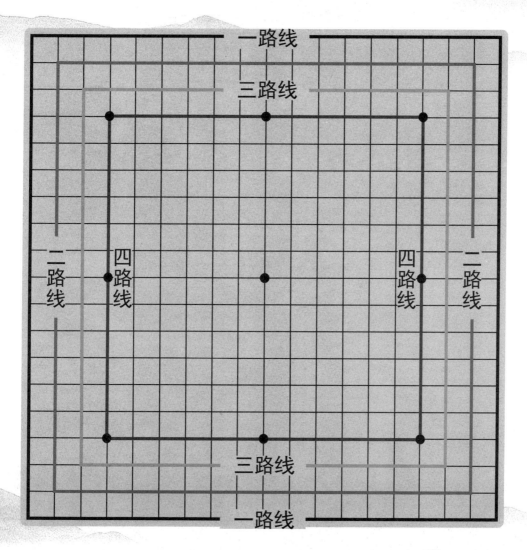

开局：占角的位置

1. 星
2. 小目
3. 三、3
4. 星

角部最易围住地盘，因此棋局从角部开始，第一手下在右上角是礼貌，下在其它地方规则也允许。

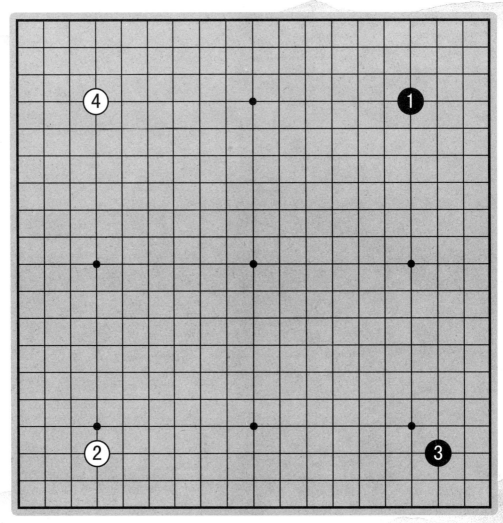

十三 吃子方法——包围

叫吃时将对方的棋逼往狭窄的方向

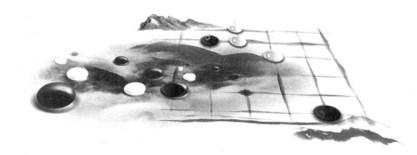

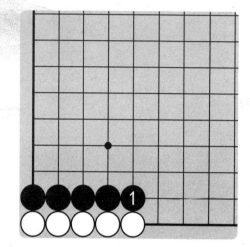

图一：将对方的棋逼往一路线。

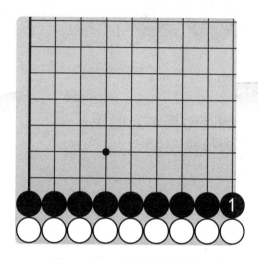

图二：一路线被称为"死亡线"，在没有接应的时候，是死路一条。

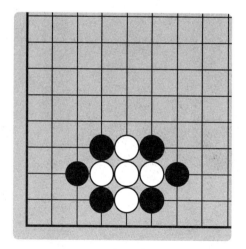

图三：将白棋叫吃，赶往一路线。

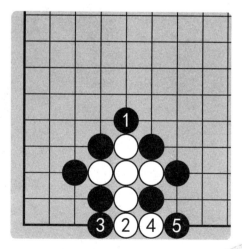

图四：白棋要逃也逃不出去。

吃子方法——包围

题 1
请黑棋用包围的方法吃白△子。

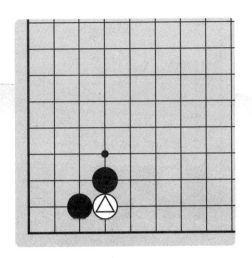

图一

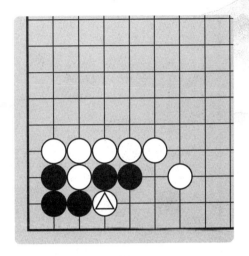

图二

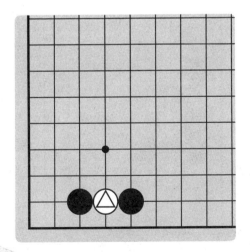

图三

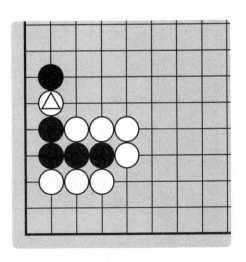

图四

吃子方法——包围

答案1

图一

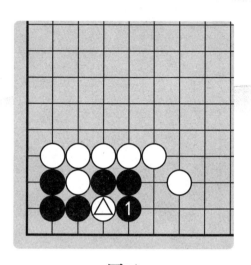

图二

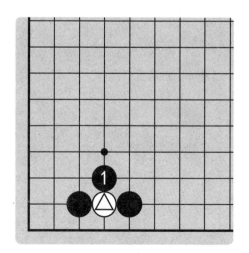

图三

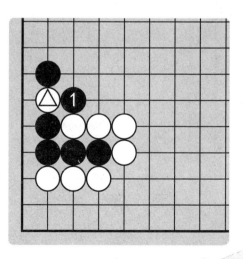

图四

吃子方法——包围

题 2
请黑棋用包围的方法吃白△子。

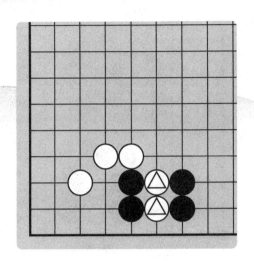

图一

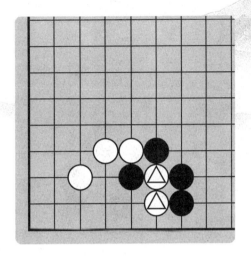

图二

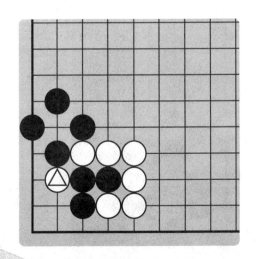

图三

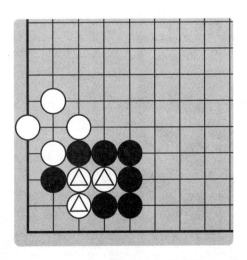

图四

吃子方法——包围

答案2

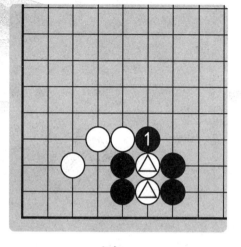

图一

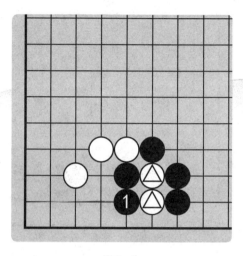

图二

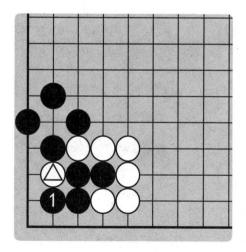

图三

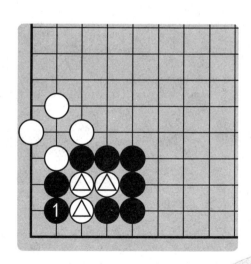

图四

吃子方法——包围

题3
请黑棋用包围的方法吃白△子。

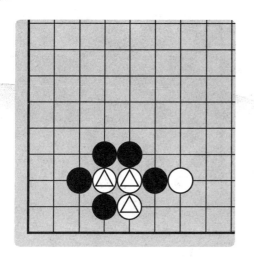

图一

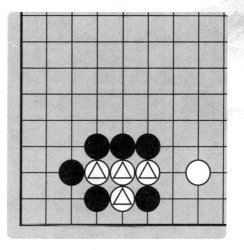

图二

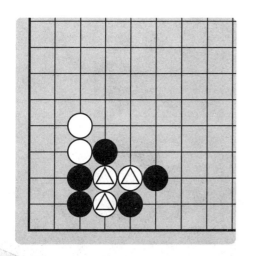

图三

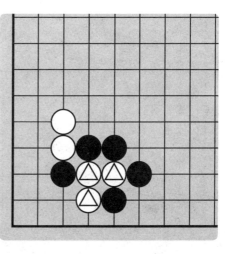

图四

吃子方法——包围

答案3

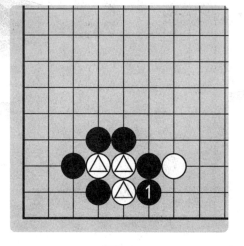

图一

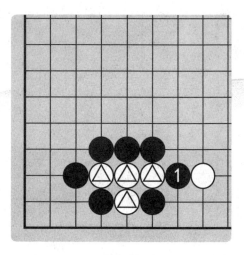

图二

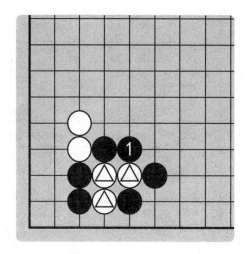

图三

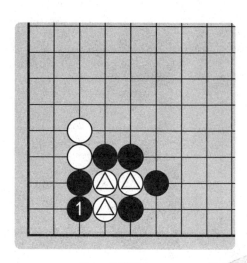

图四

吃子方法——包围

题 4
请黑棋用包围的方法吃白△子。

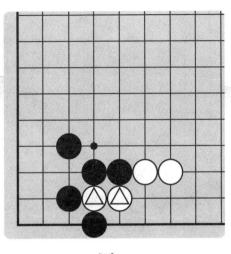

图一

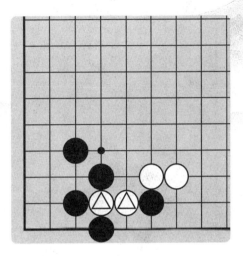

图二

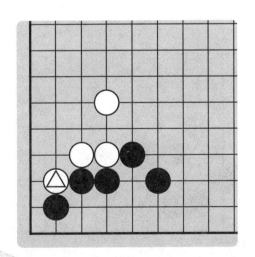

图三

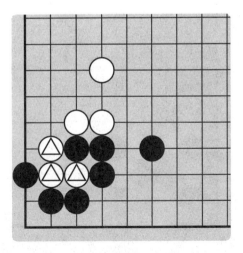

图四

吃子方法——包围

答案 4

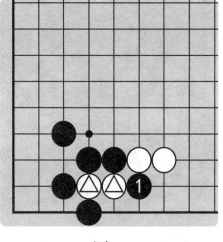

图一

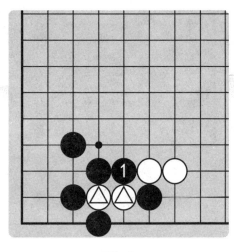

图二

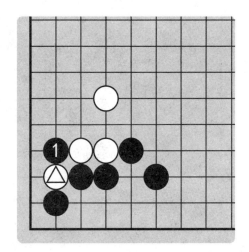

图三

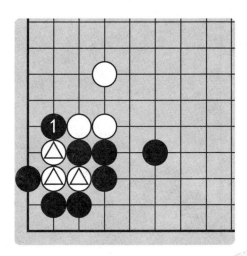

图四

吃子方法——包围

题 5
请黑棋用包围的方法吃白△子。

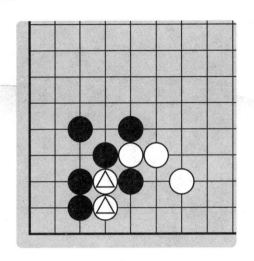

图一

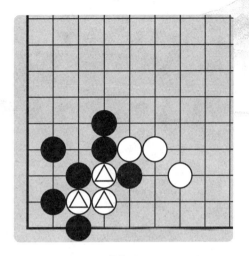

图二

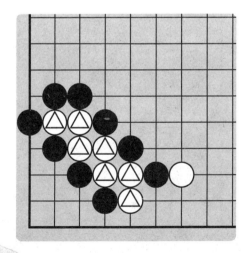

图三

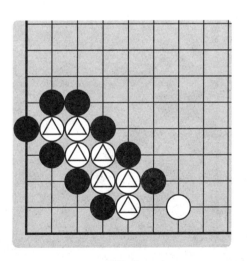

图四

吃子方法——包围

答案 5

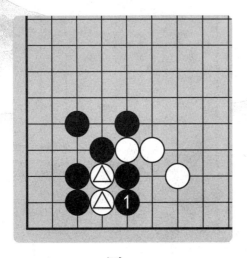

图一

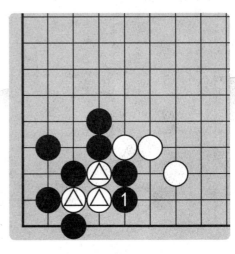

图二

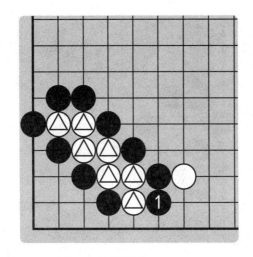

图三

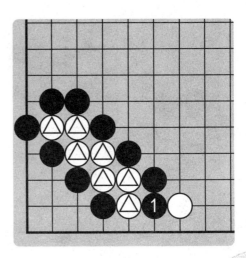

图四

十四 抱吃

**从自己没有子的方向叫吃
围堵的形状像抱东西**

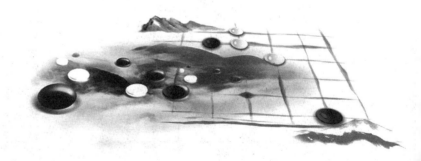

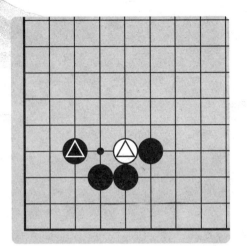

图一：白棋△两边气完全被紧住，黑▲方向也有棋，只有一面没有子。

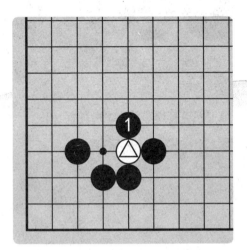

图二：因此黑❶"抱住"白子。

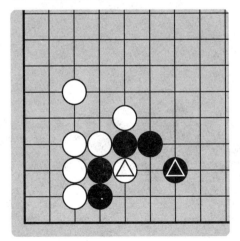

图三：白棋△两边气完全被紧住，黑▲方向也有棋，只有一面没有子。

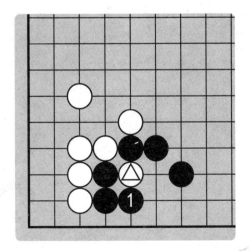

图四：因此黑❶"抱住"白子。

抱吃

题 1
请黑棋用抱吃的方法吃白△子。

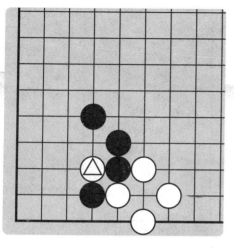

图一

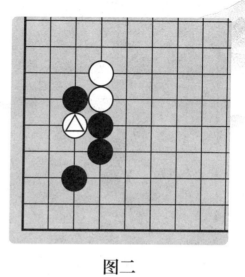

图二

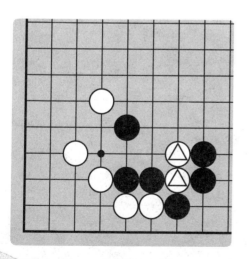

图三

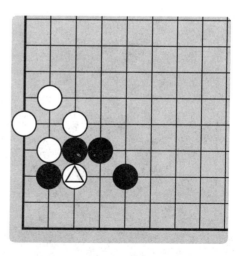

图四

抱吃

答案1

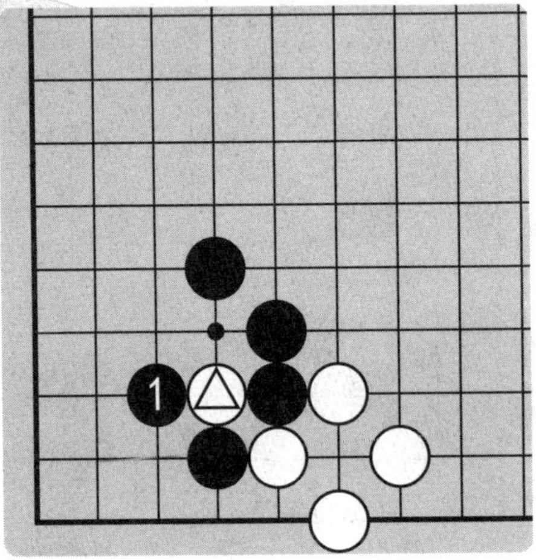

图一

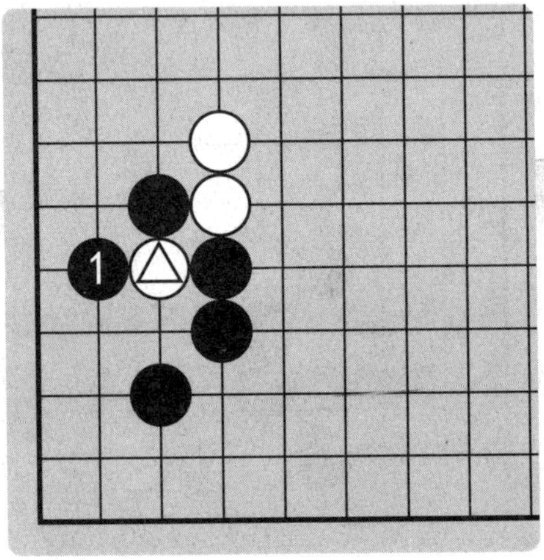

图二

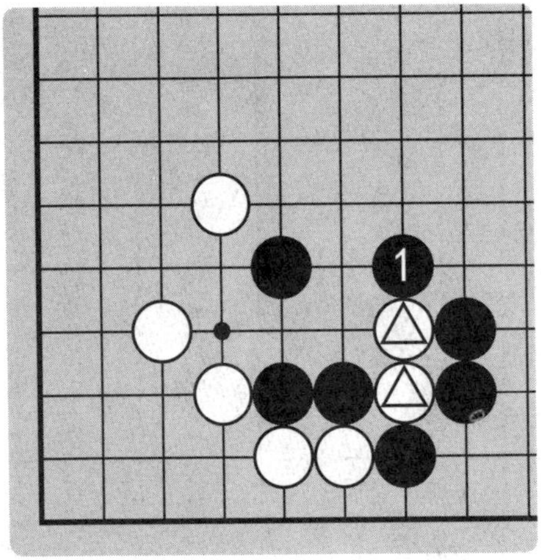

图三

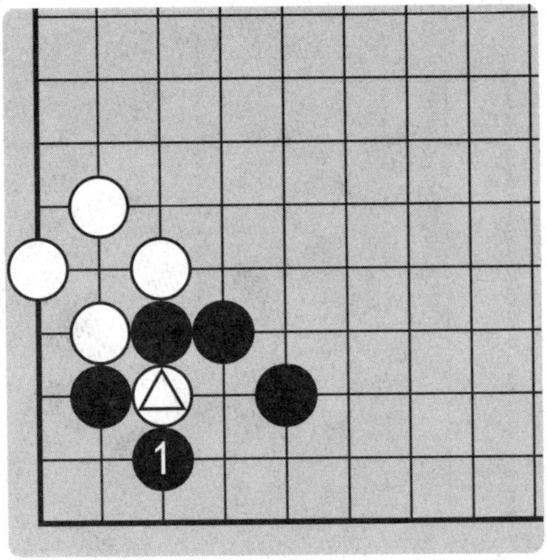

图四

抱吃

题2
请黑棋用抱吃的方法吃白△子。

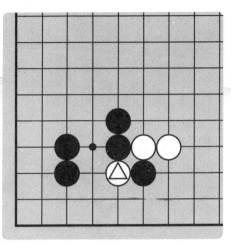

图一

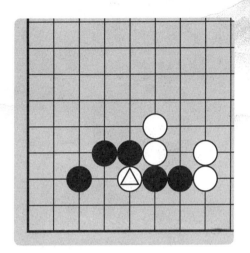

图二

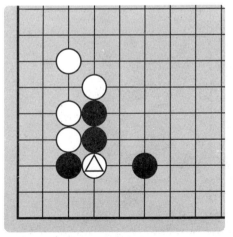

图三

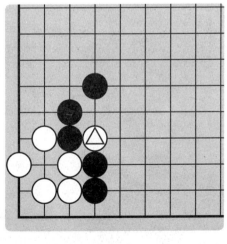

图四

抱吃

答案 2

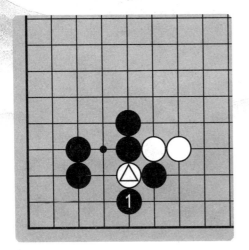

图一

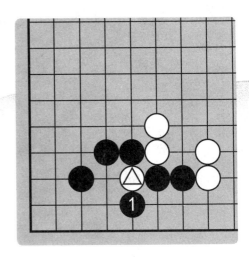

图二

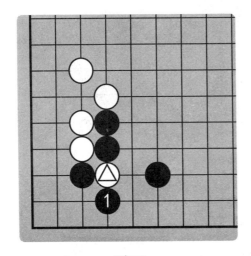

图三

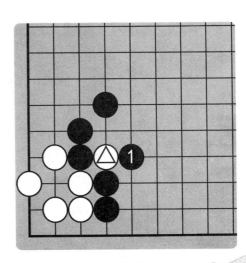

图四

抱吃

题 3
请黑棋用抱吃的方法吃白△子。

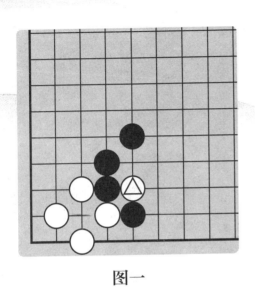

图一

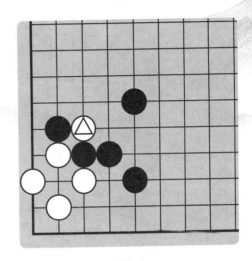

图二

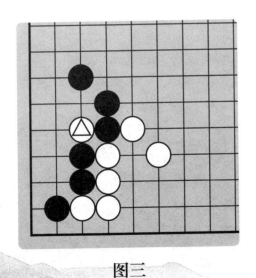

图三

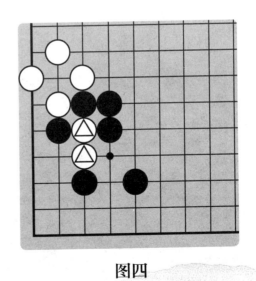

图四

抱吃

答案3

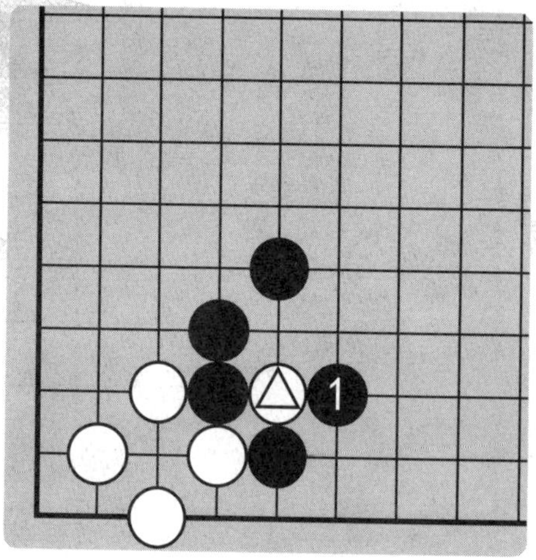

图一

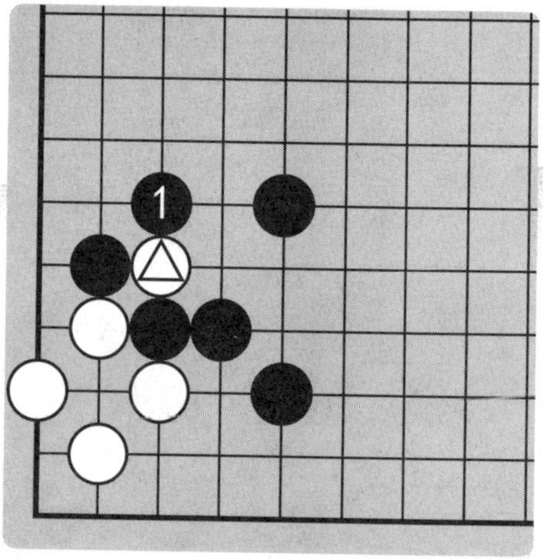

图二

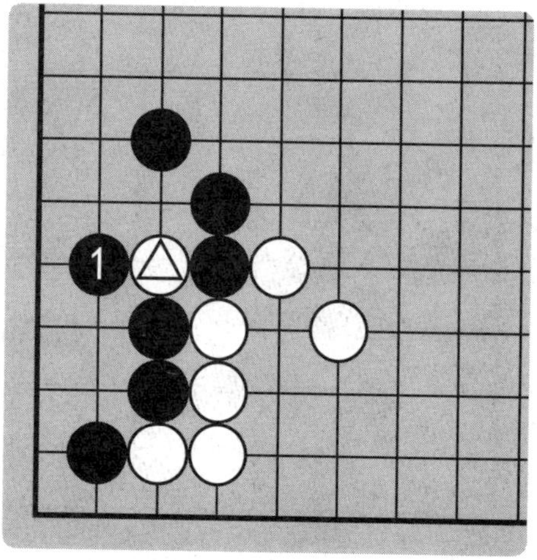

图三

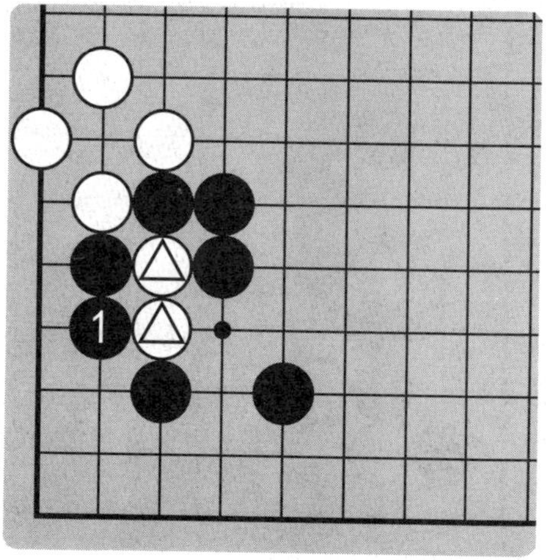

图四

抱吃

题 4
请黑棋用抱吃的方法吃白△子。

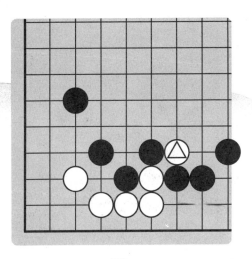

图一

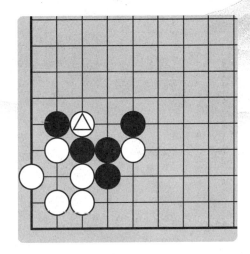

图二

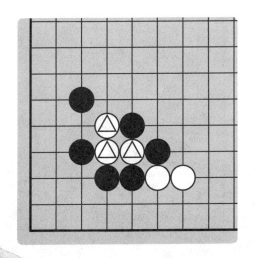

图三

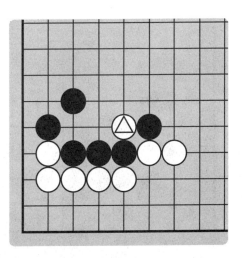

图四

抱吃

答案 4

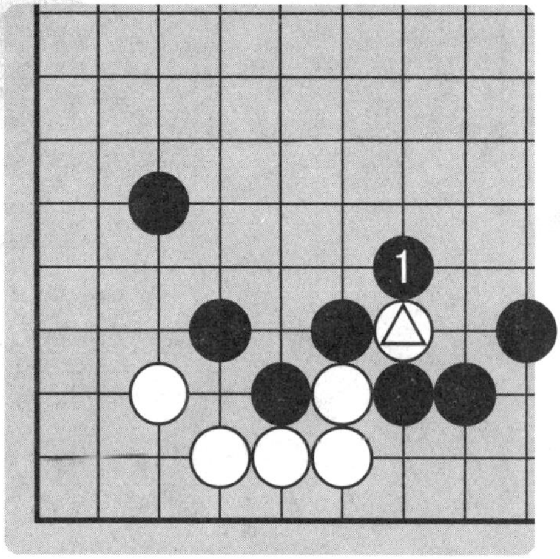

图一

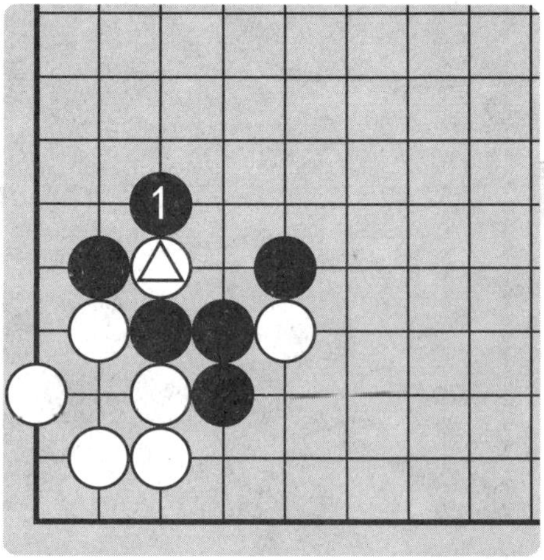

图二

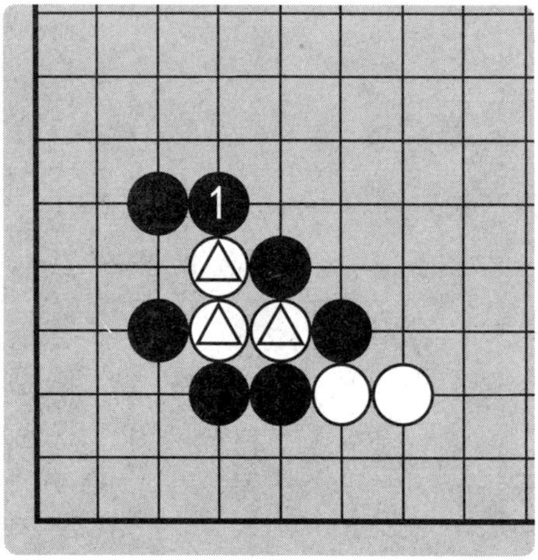

图三

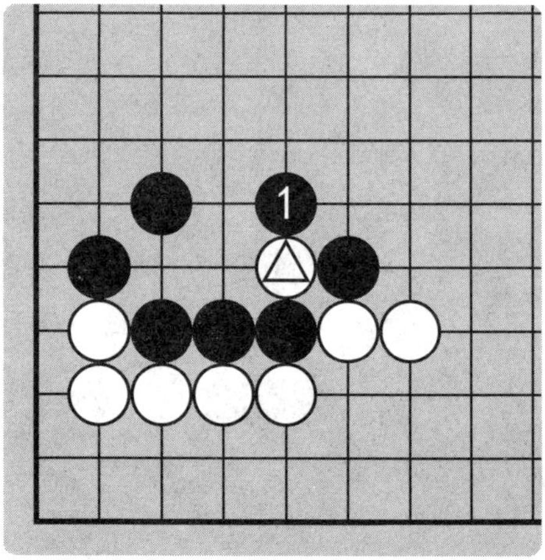

图四

抱吃

题 5
请黑棋用抱吃的方法吃白△子。

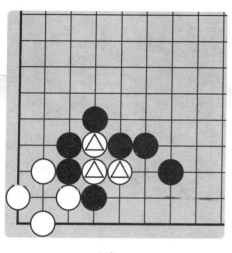

图一

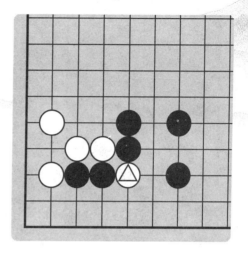

图二

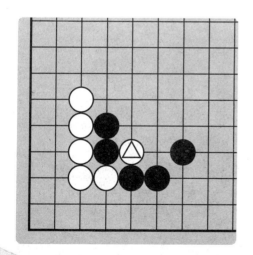

图三

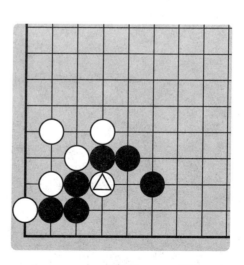

图四

抱吃

答案5

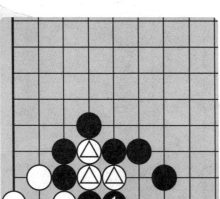

图一

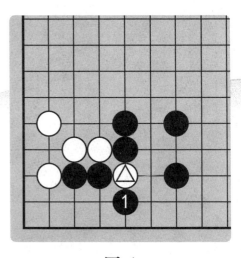

图二

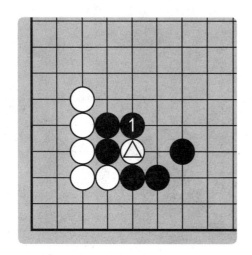

图三

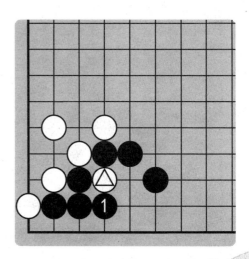

图四

十五 门吃

已三面包围对方的子
从最后一个方向包围叫吃
棋形像门准备关
但是还没有完全合拢的样子

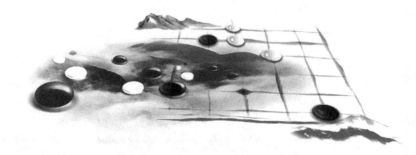

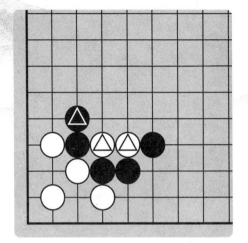
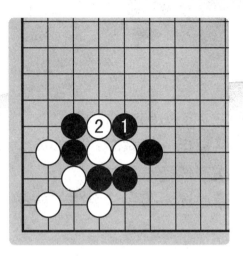

图一：三面已包围白△子，黑▲子方向多子，要发挥这里多子的作用。

图二：黑❶关门叫吃。

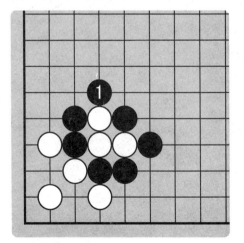
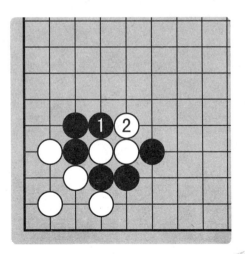

图三：接图二的样子，吃子成功。

图四：黑❶错误的下法，白②跑了。

门吃

题 1
请黑棋用门吃的方法吃白△子。

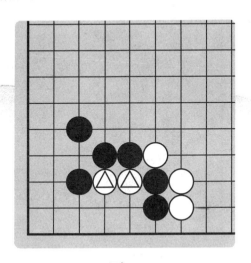

图一

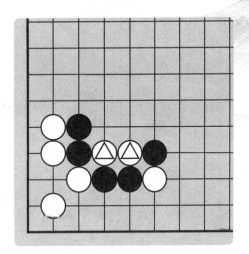

图二

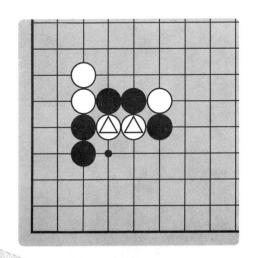

图三

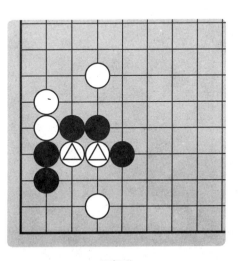

图四

门吃

答案 1

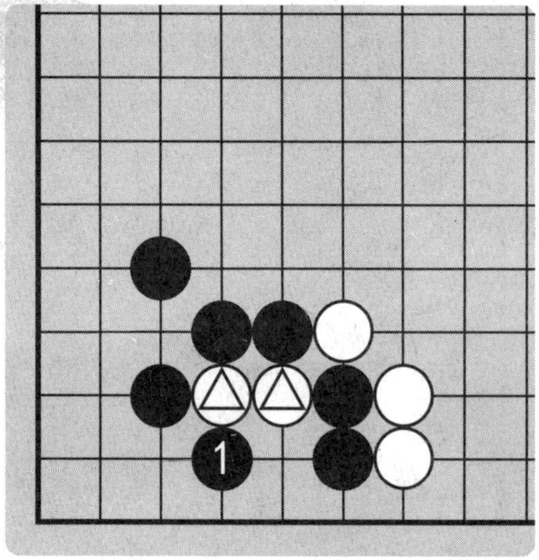

图一

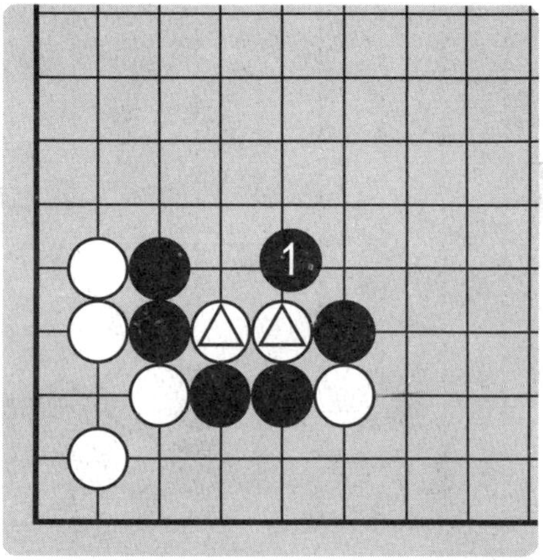

图二

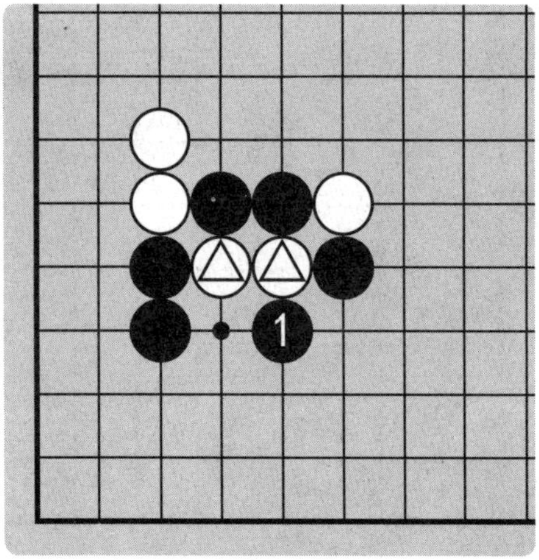

图三

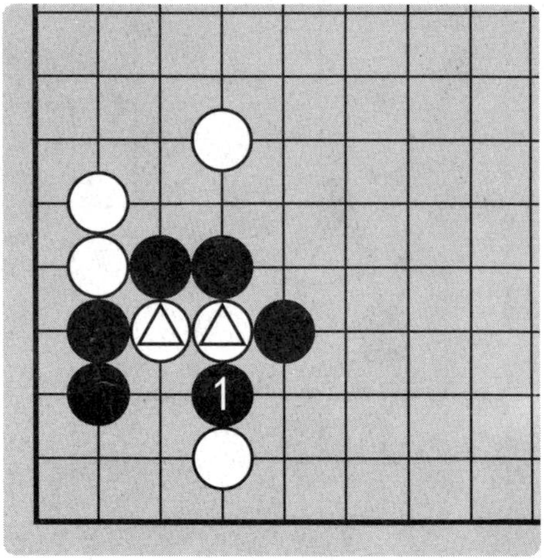

图四

门吃

题 2

请黑棋用门吃的方法吃白△子。

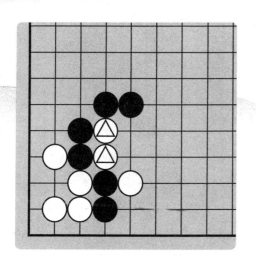

图一

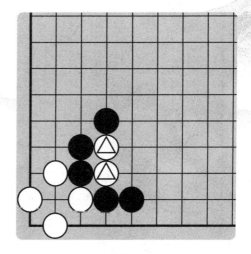

图二

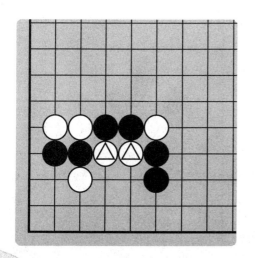

图三

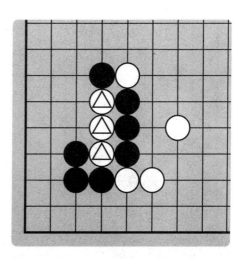

图四

门吃

答案 2

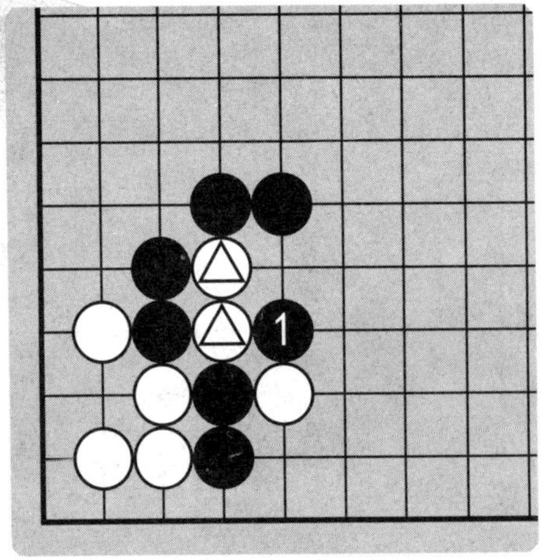

图一

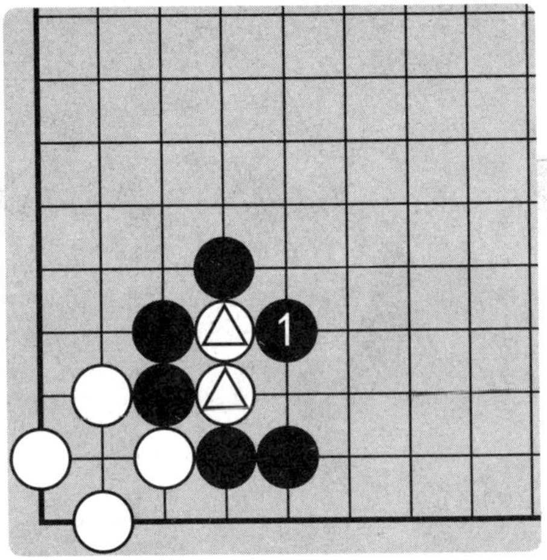

图二

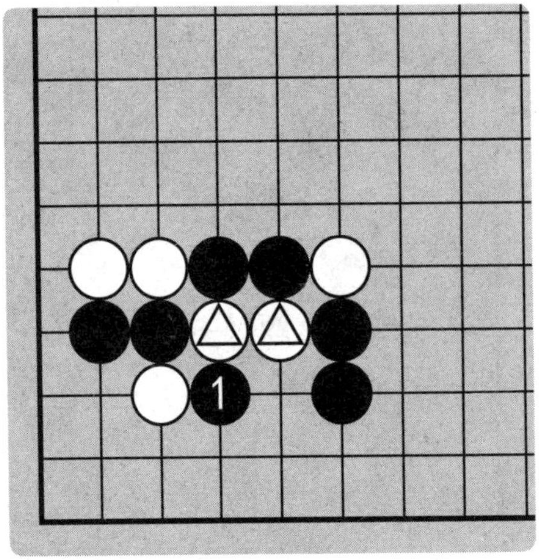

图三

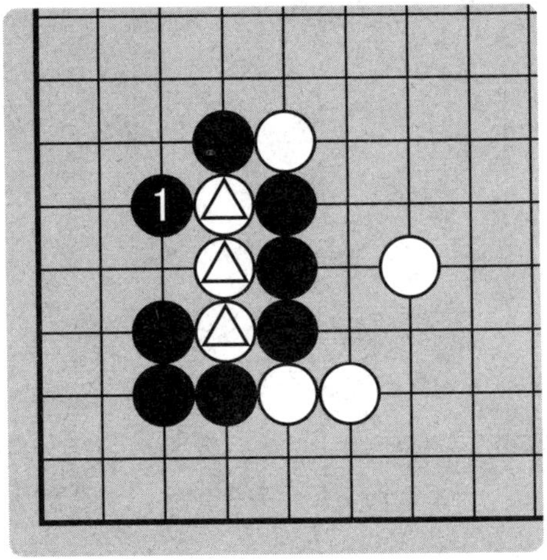

图四

门吃

题 3
请黑棋用门吃的方法吃白△子。

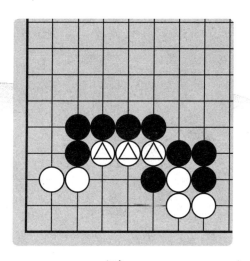

图一

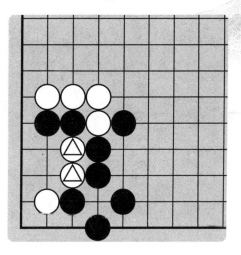

图二

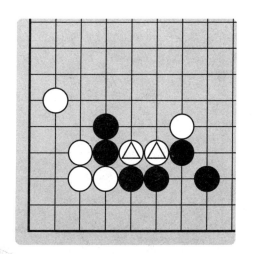

图三

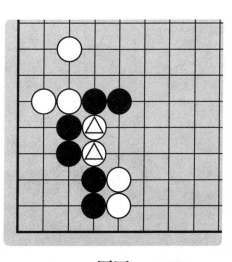

图四

门吃

答案3

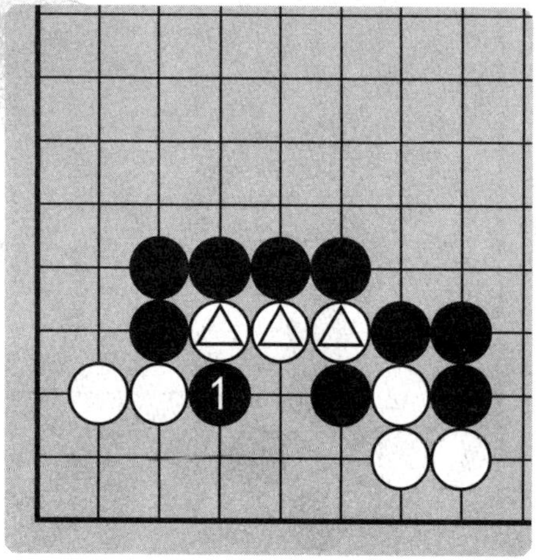

图一

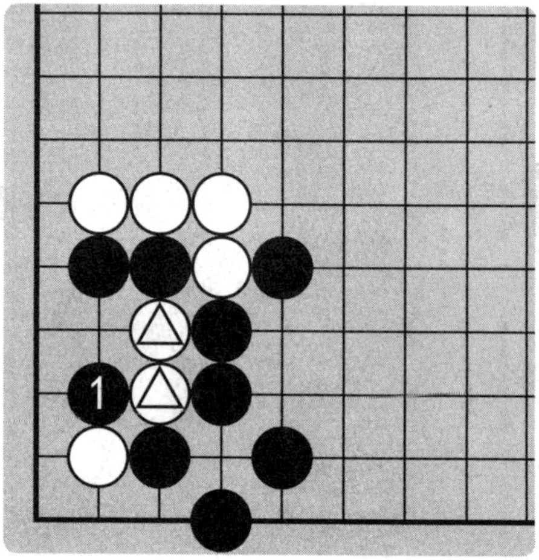

图二

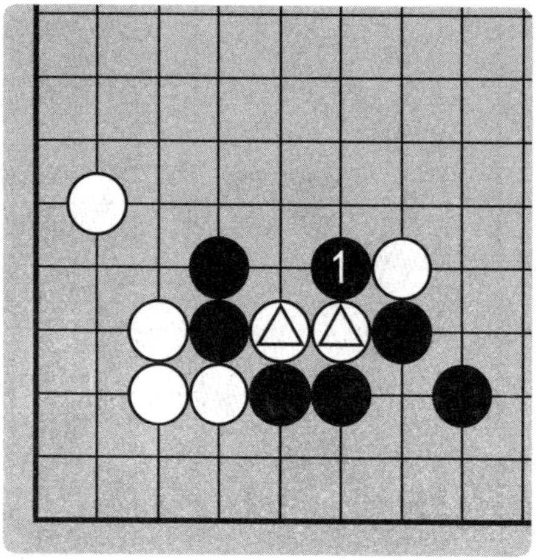

图三

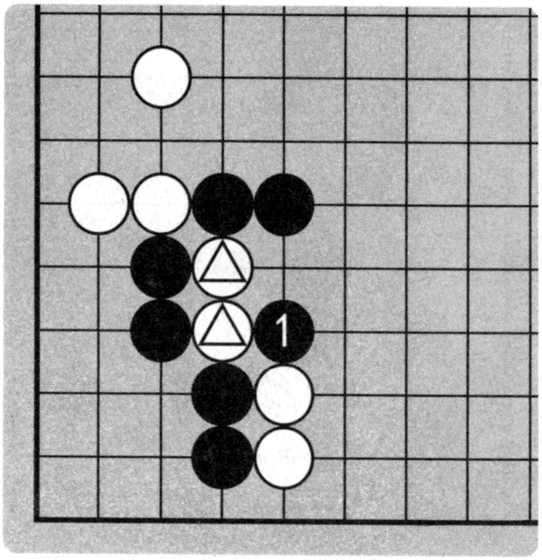

图四

门吃

题 4
请黑棋用门吃的方法吃白△子。

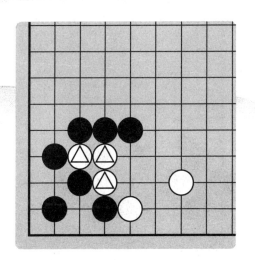

图一

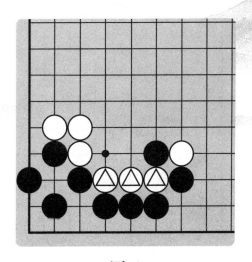

图二

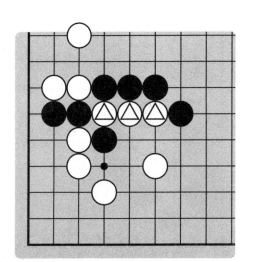

图三

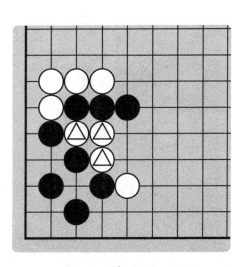

图四

门吃

答案 4

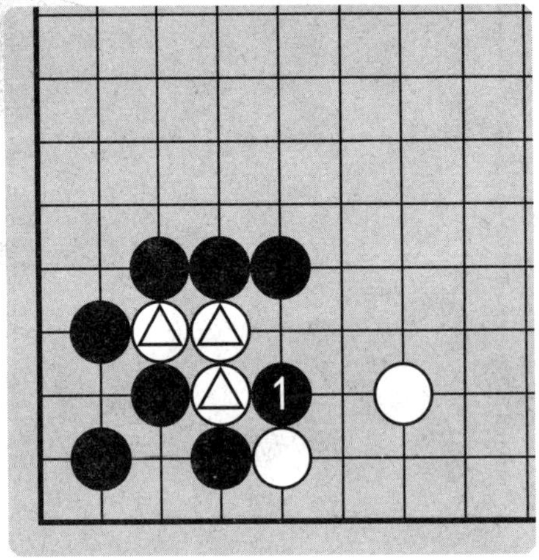

图一

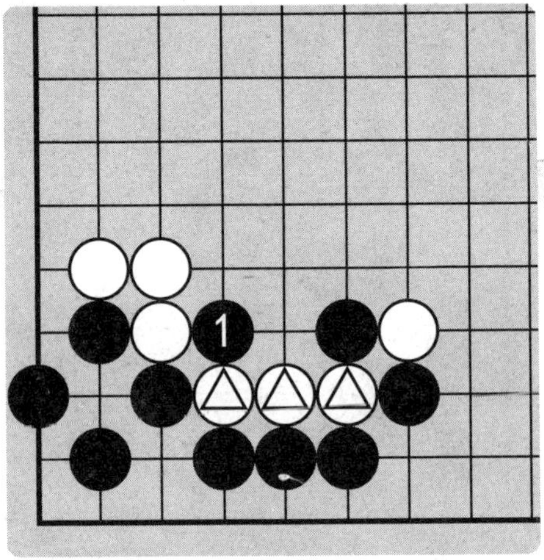

图二

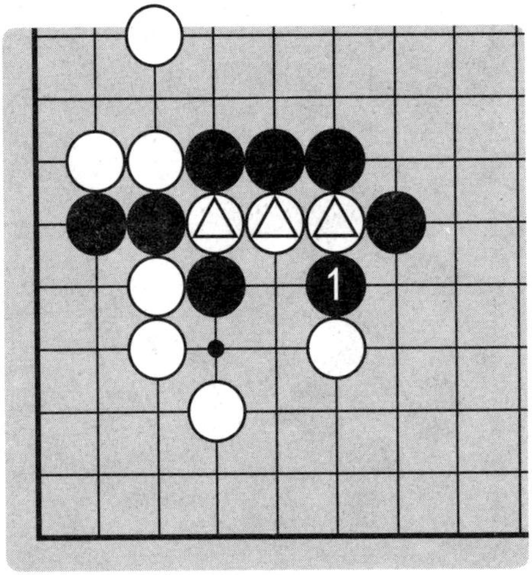

图三

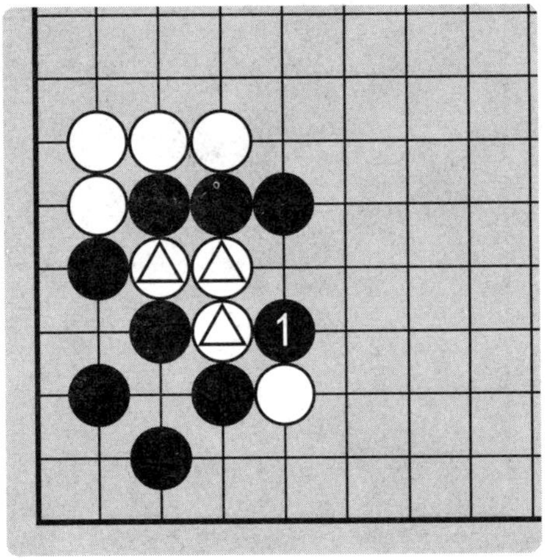

图四

门吃

题 5
请黑棋用门吃的方法吃白△子。

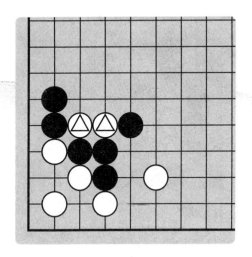

图一

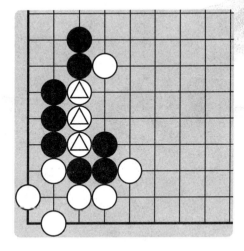

图二

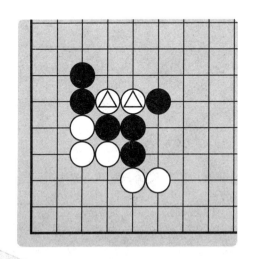

图三

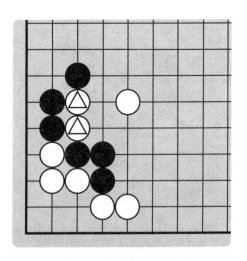

图四

门吃

答案5

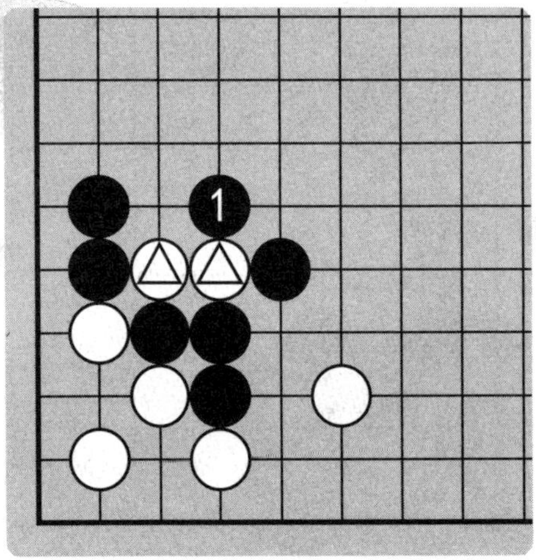

图一

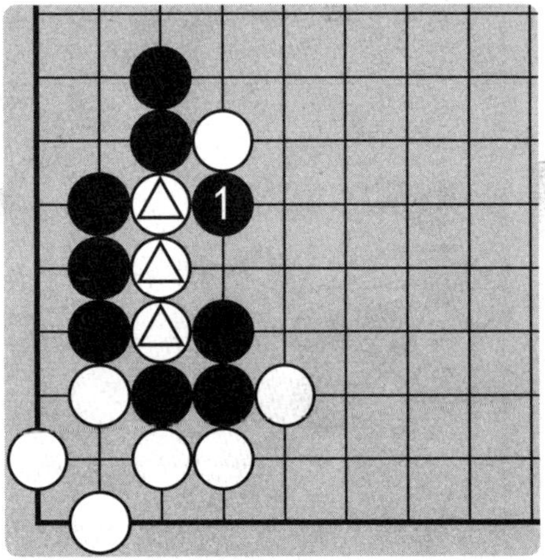

图二

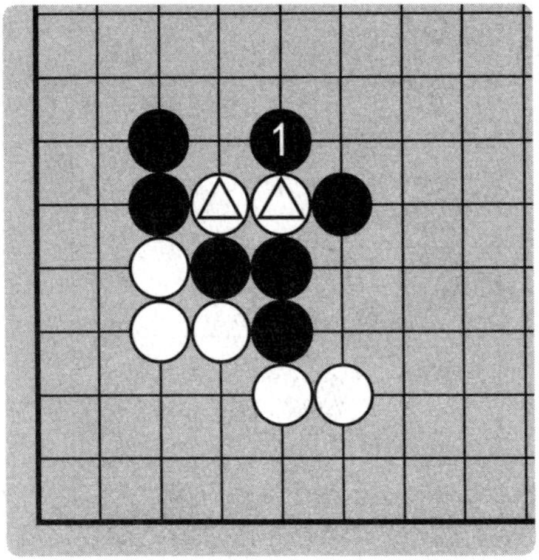

图三

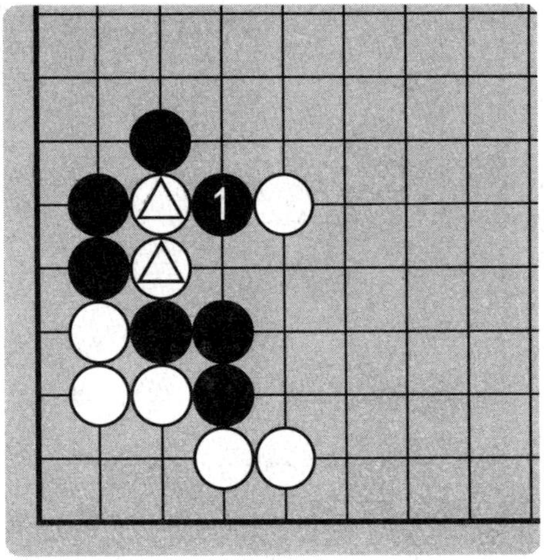

图四

十六 双叫吃

下在断点之后
对手有两处棋被叫吃
断点多存在危险就大

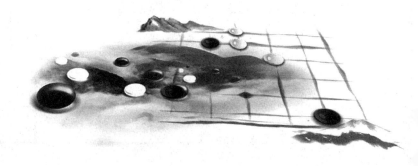

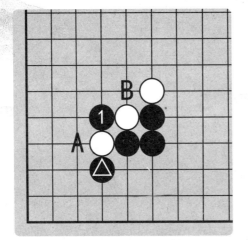

图一：气是棋子生存的条件。黑❶利用△子形成 A、B 两处的双叫吃。

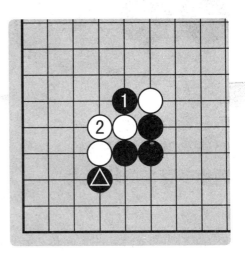

图二：黑❶是错误的下法。白②粘之后，黑没有后继手段。

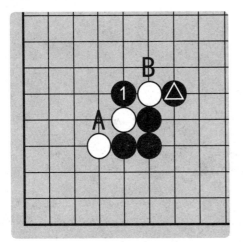

图三：黑❶利用黑△子形成 A、B 两处的双叫吃。

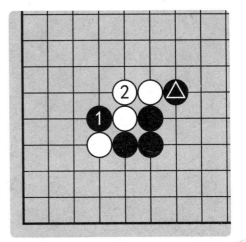

图四：黑❶是错误的下法。白②粘之后，黑没有后继手段。

双叫吃

题 1
请黑棋用双叫吃吃白△子。

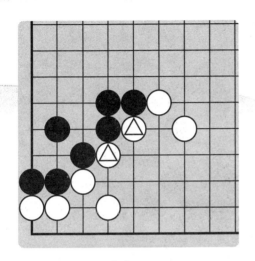

图一

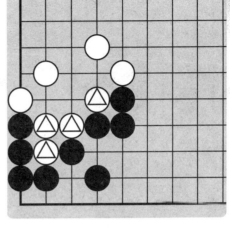

图二

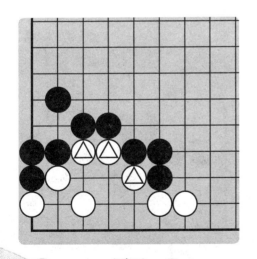

图三

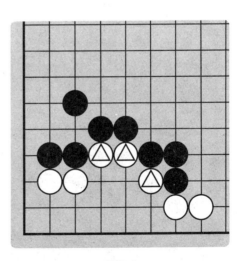

图四

双叫吃

答案1

图一

图二

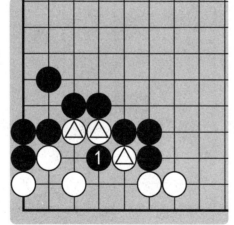

图三

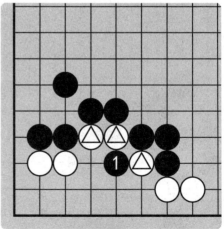

图四

双叫吃

题 2

请黑棋用双叫吃吃白△子。

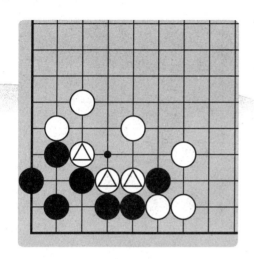

图一

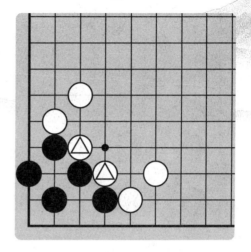

图二

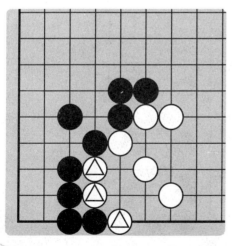

图三

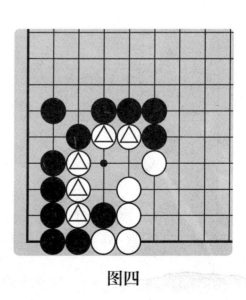

图四

双叫吃
答案 2

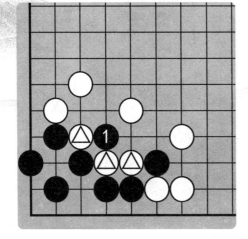

图一

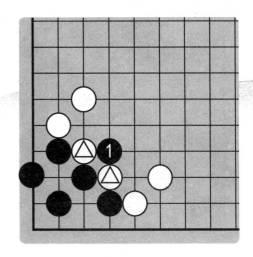

图二

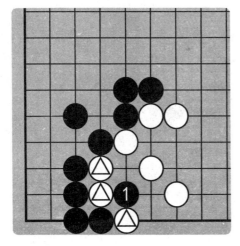

图三

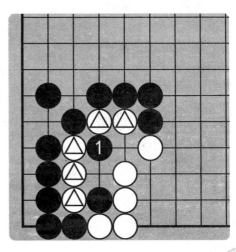

图四

双叫吃

题 3
请黑棋用双叫吃吃白△子。

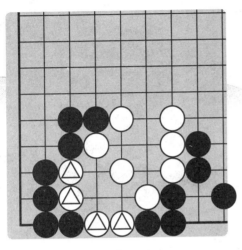

图一

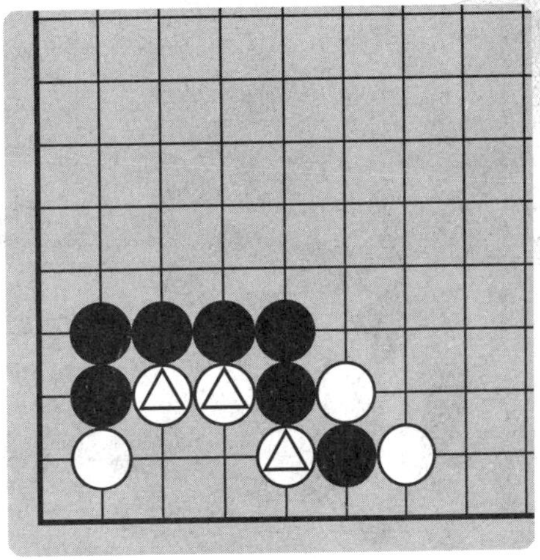

图二

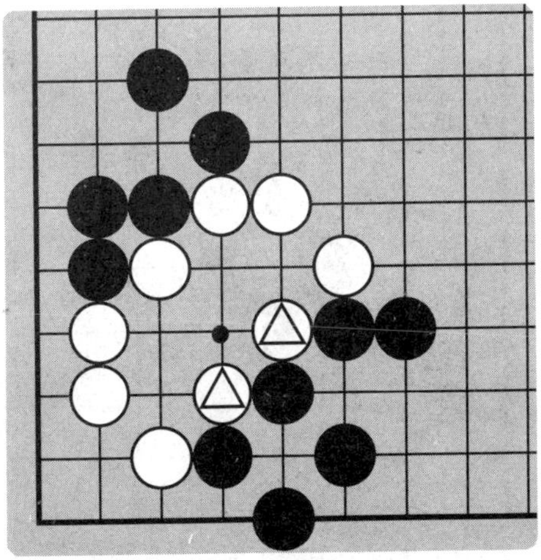

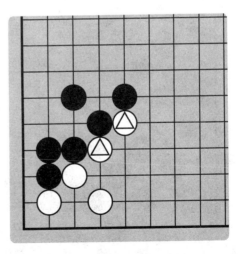

图三

图四

双叫吃
答案 3

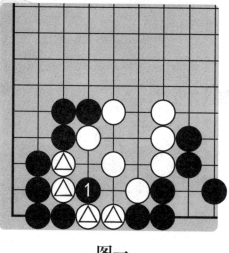

图一

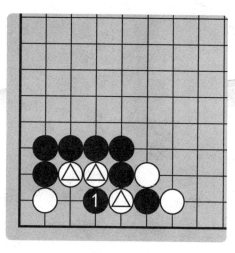

图二

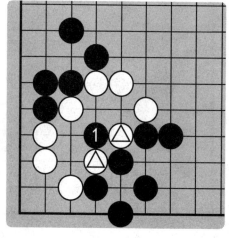

图三

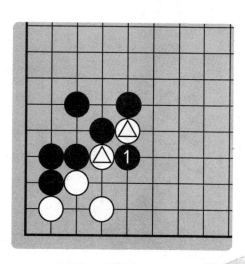

图四

双叫吃

题4

请黑棋用双叫吃吃白△子。

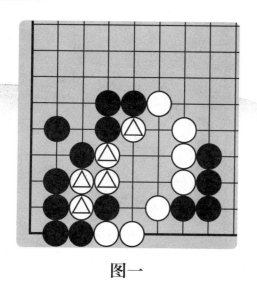

图一

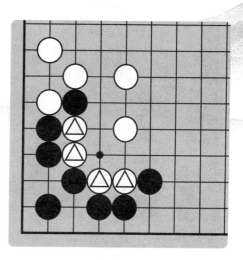

图二

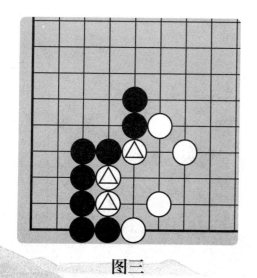

图三

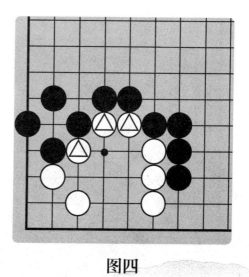

图四

双叫吃

答案 4

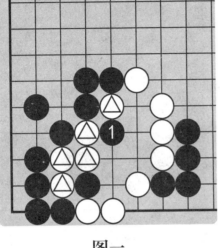

图一

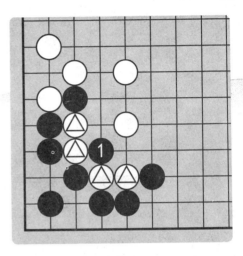

图二

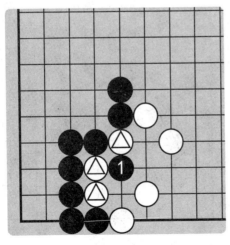

图三

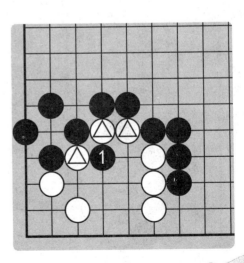

图四

双叫吃

题 5
请黑棋用双叫吃吃白△子。

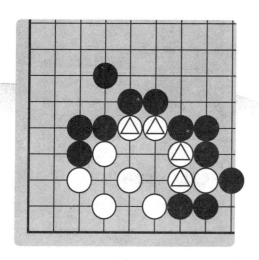

图一

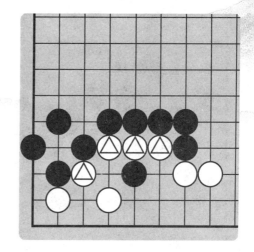

图二

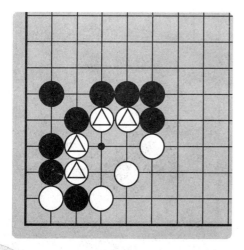

图三

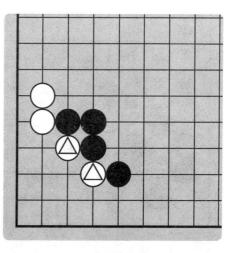

图四

双叫吃

答案5

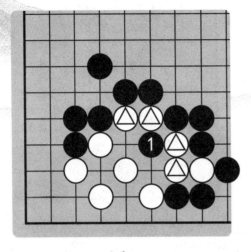

图一

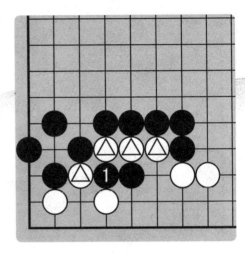

图二

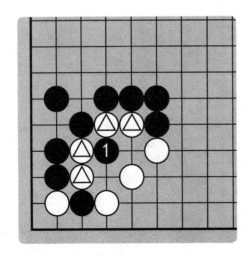

图三

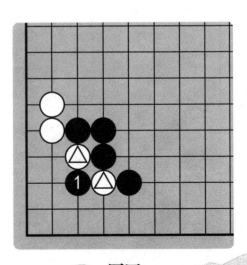

图四

十七 好形与坏形

好形大多数时候意味着高效

坏形大多数时候意味着低效

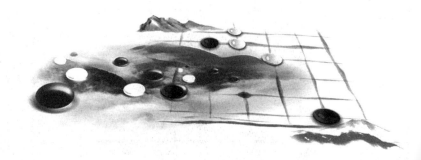

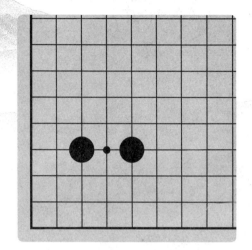

图一：跳，好形。

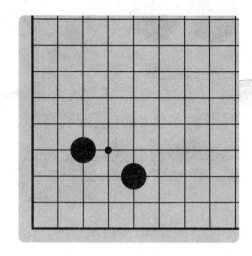

图二：飞，好形。

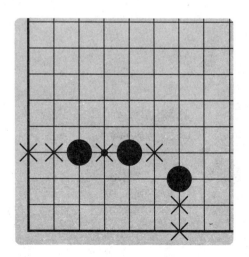

图三：三手棋，围成的地盘。

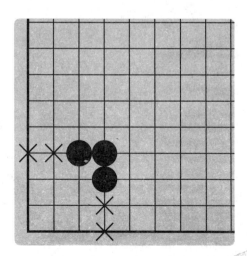

图四：三手棋挤在一起坏形，和图三对比地盘围得少。

好形与坏形

题 1
请选择 A 或 B 哪个是跳。

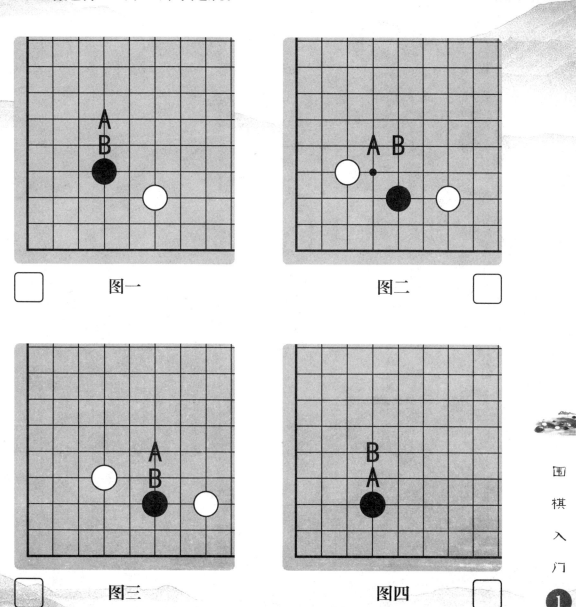

图一　　图二　　图三　　图四

好形与坏形

答案 1

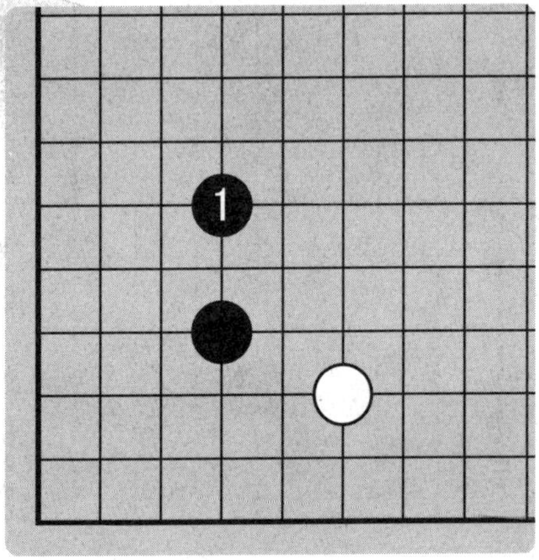

图一 A

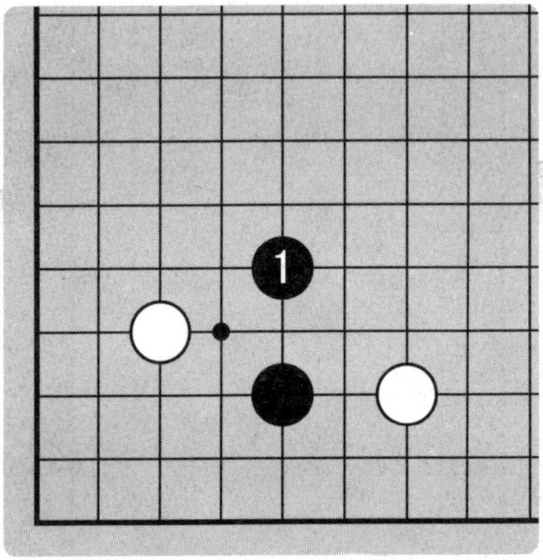

图二 B

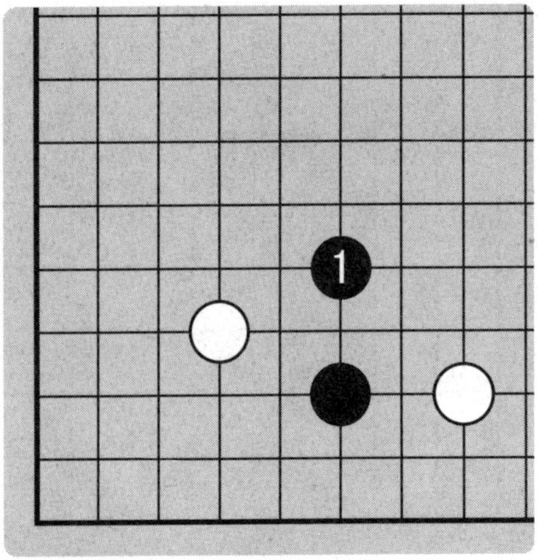

图三 A

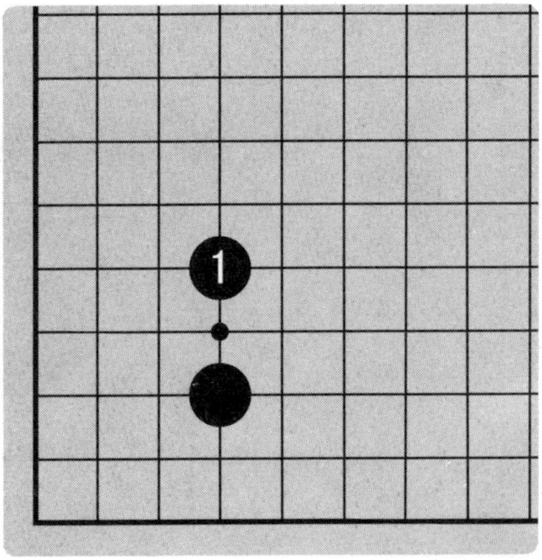

图四 B

好形与坏形

题 2
请选择 A 或者 B 哪个是小飞。

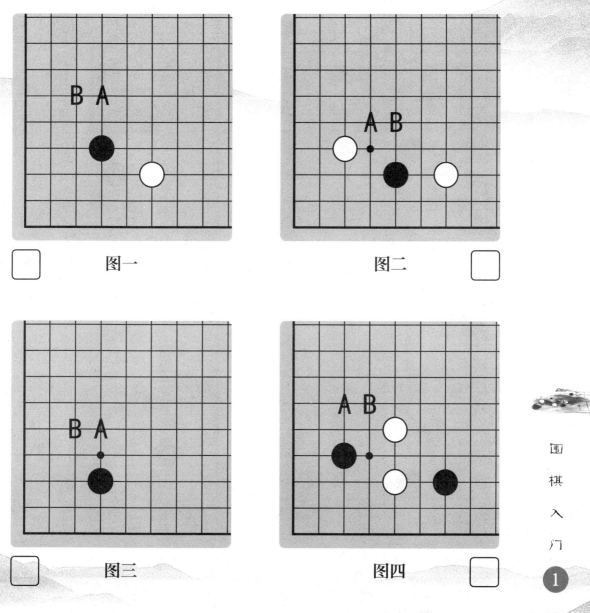

图一　　　图二

图三　　　图四

好形与坏形

答案 2

B 图一	图二 A
B 图三	图四 B

好形与坏形

题 3
好形打√，坏形打 ×。

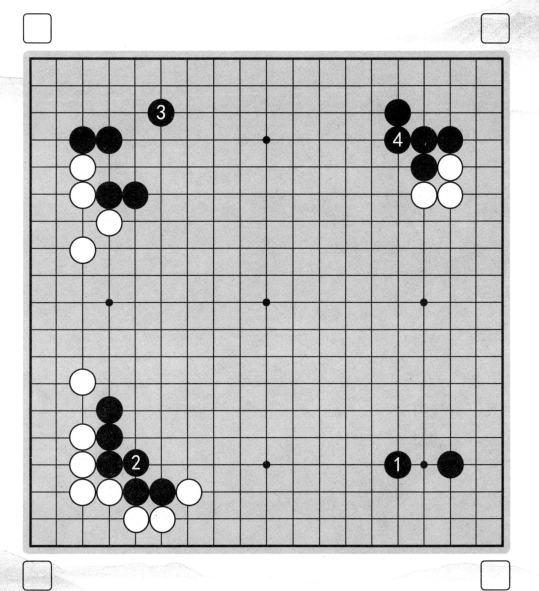

好形与坏形

答案 3

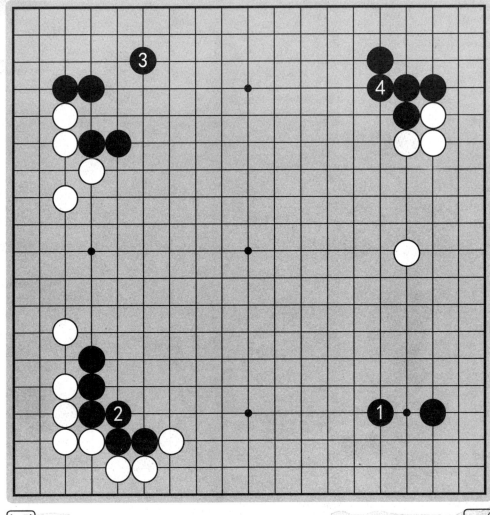

十八 死活

一块被包围的棋需要两个真眼才能活棋
否则为死棋
自己的棋围成的交叉点是可以做眼的"眼位"
两个眼需要分别做成

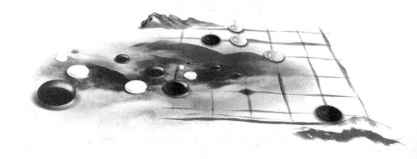

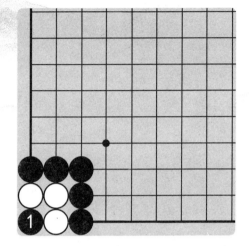

图一：黑❶可以下在白棋围成的眼里面，因为它可以吃白棋。

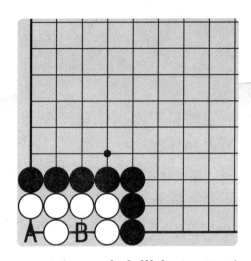

图二：当白棋有A、B两个眼时，俩处都是禁入点。所以白棋是活棋。

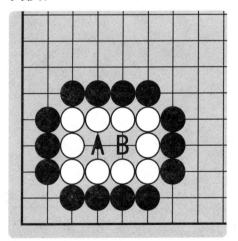

图三：A、B点黑棋都可以落子，这是一只眼。

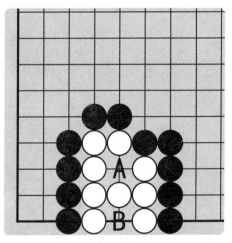

图四：A、B点是分开做成的眼，对于黑棋都是禁入点，所以白棋是活棋。

死活

题 1

请黑棋在 □ 处活棋打 √，死棋打 ×。

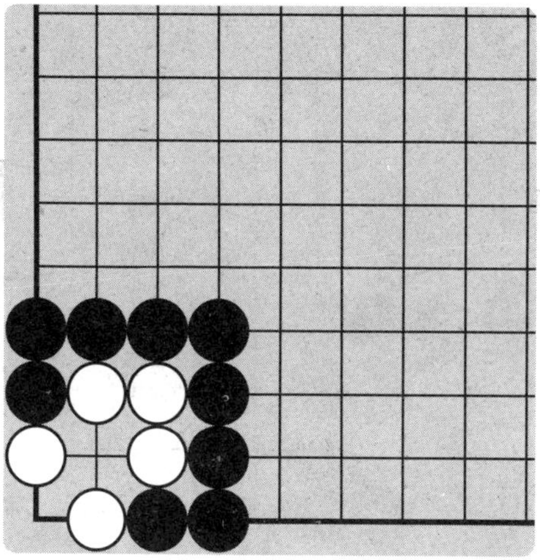

图一

图二

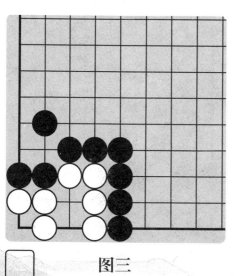

图三

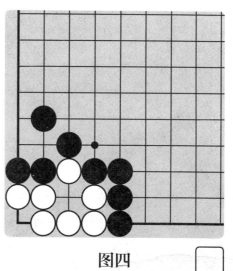

图四

死活题

答案 1

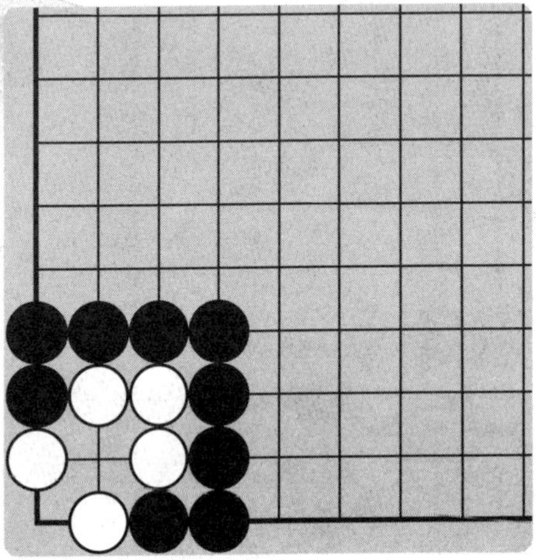

图一 ✗

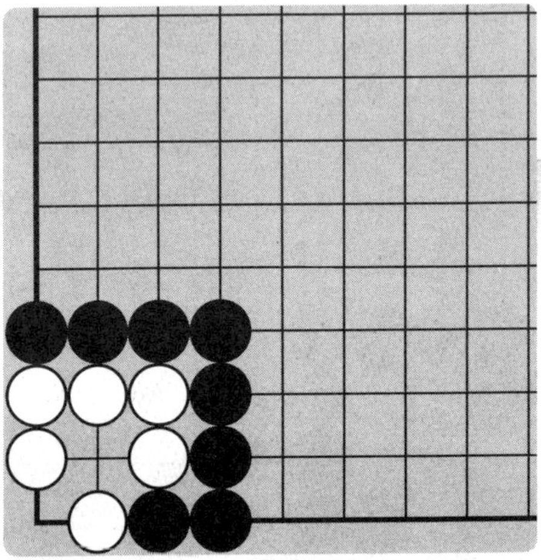

图二 ✓

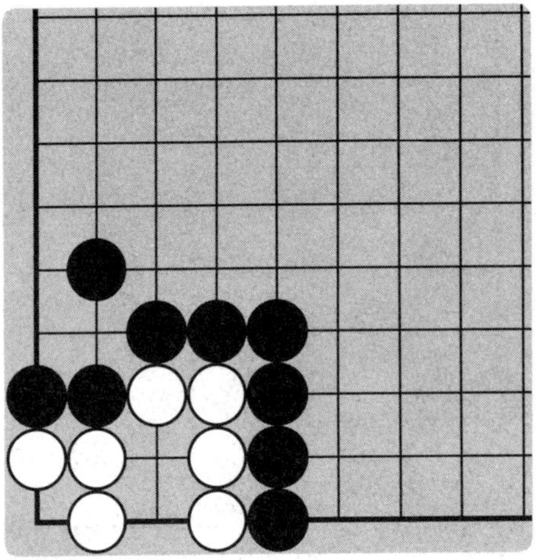

图三 ✓

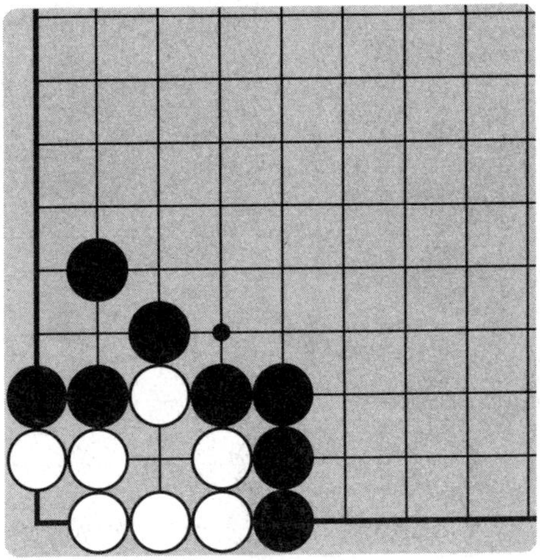

图四 ✗

死活题

题 2

请黑棋在 ☐ 处活棋打 √，死棋打 ×。

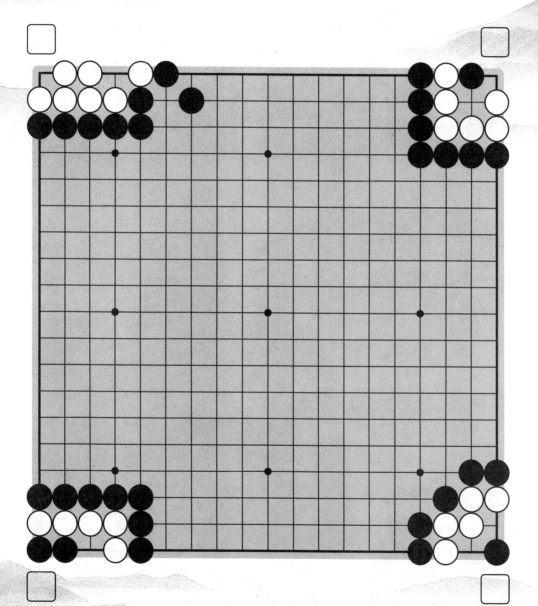

死活

答案 2

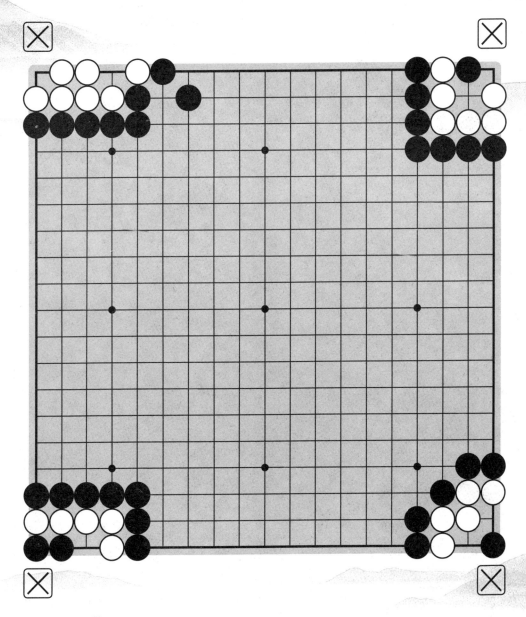

死活

题 3

请黑棋在 ☐ 处活棋打√，死棋打 ×。

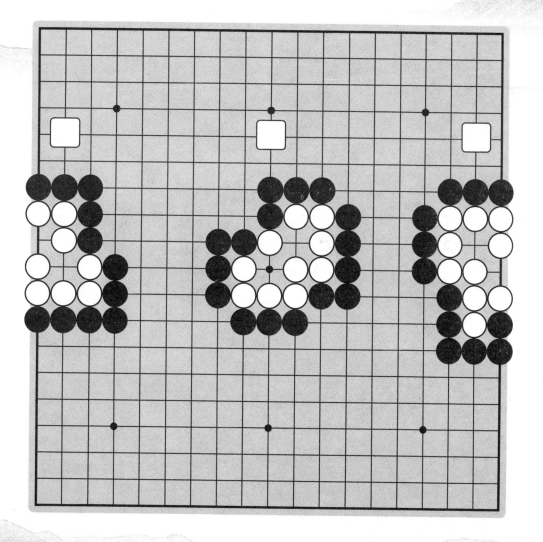

死活

答案3

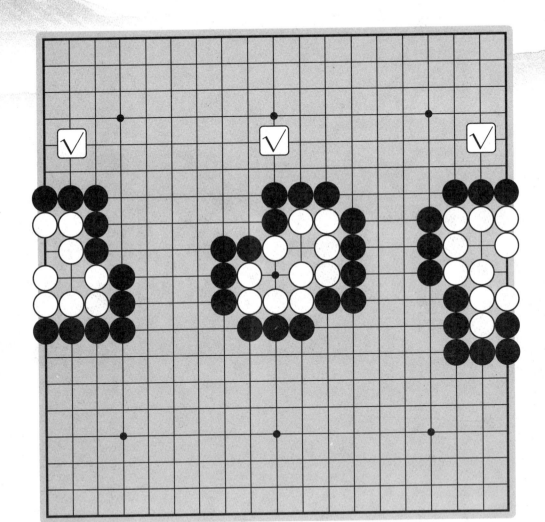

双方互相被包围
又都没有两只眼
只能通过比气判生死

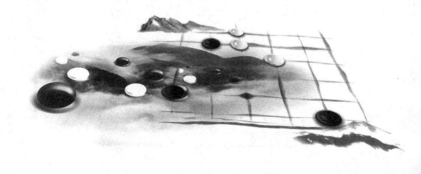

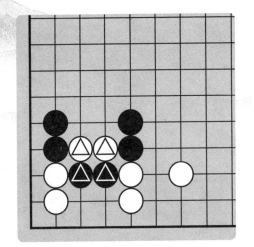

图一：双方▲△子被包围，都是两口气。

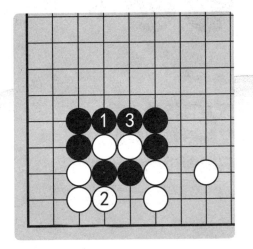

图二：黑下杀白。

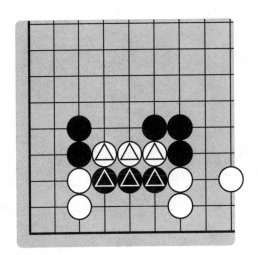

图三：黑▲子三口气，白方△两口气。

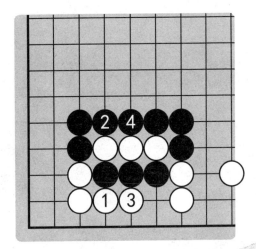

图四：黑棋可以脱先不在这里下，白棋气也不够。

比气

题 1
请黑先紧气杀白。

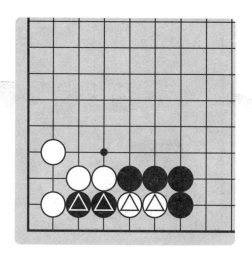

图一

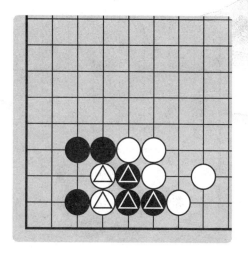

图二

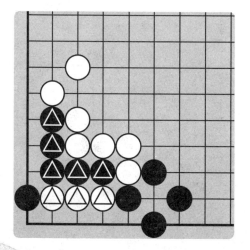

图三

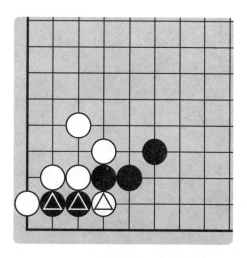

图四

比气

答案1

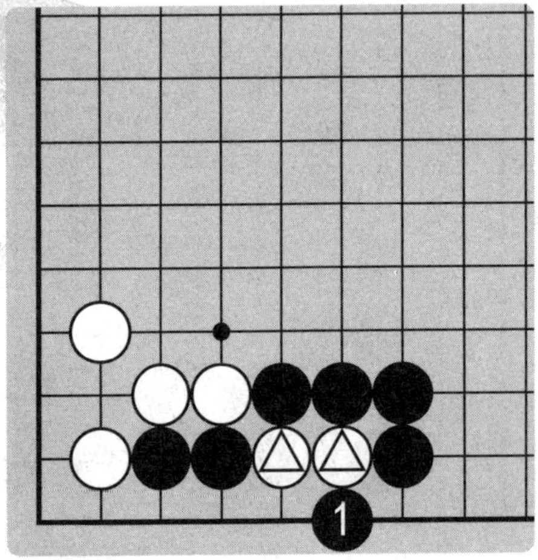

图一

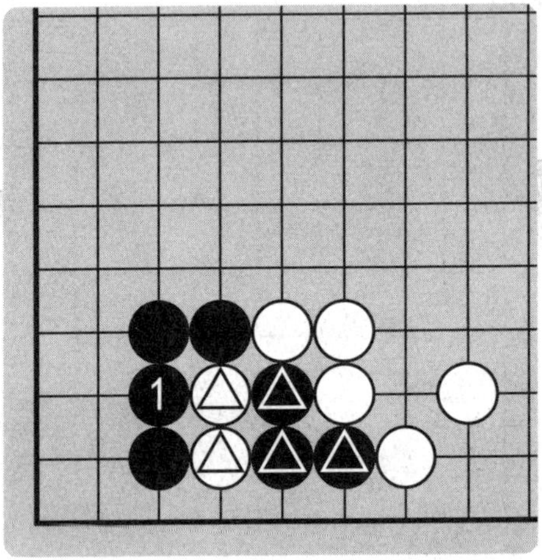

图二

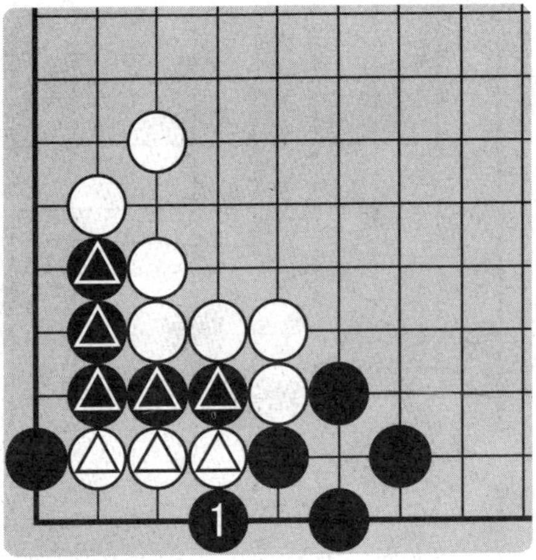

图三

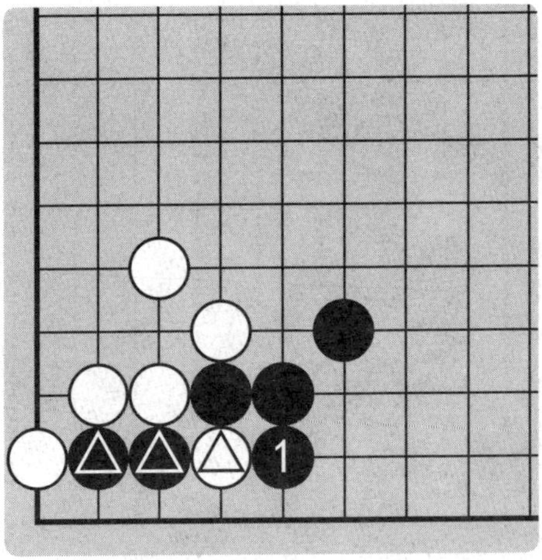

图四

比气

题 2
请黑先紧气杀白。

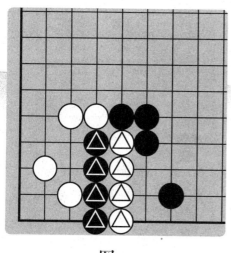

图一

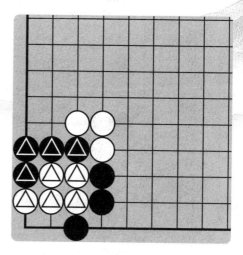

图二

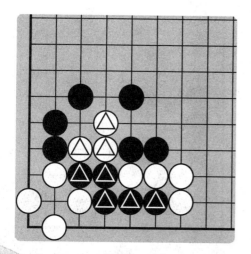

图三

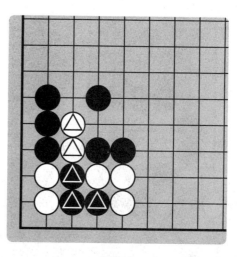

图四

比气

答案 2

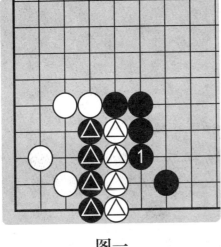

图一

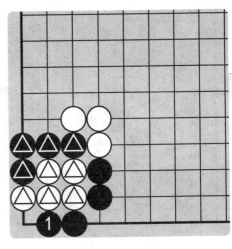

图二

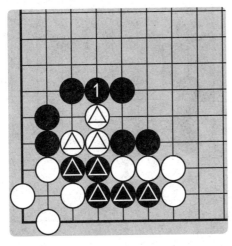

图三

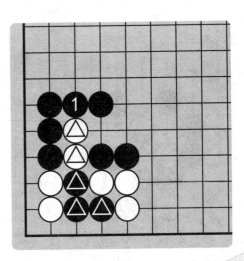

图四

比气

题 3
请黑先紧气杀白。

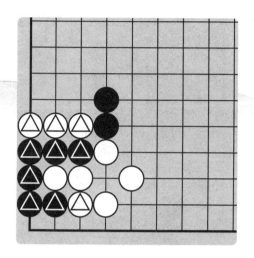

图一

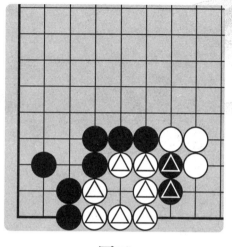

图二

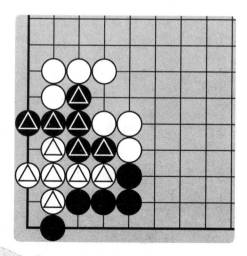

图三

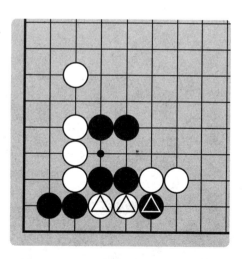

图四

比气

答案 3

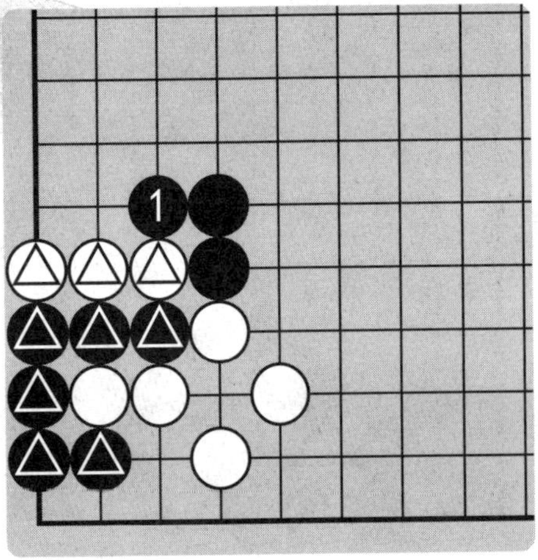

图一

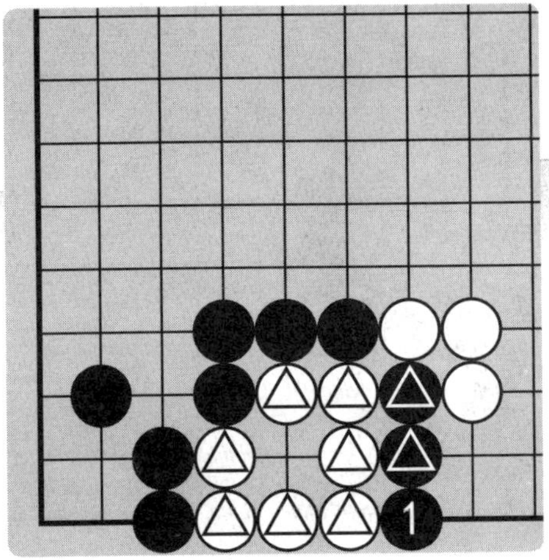

图二

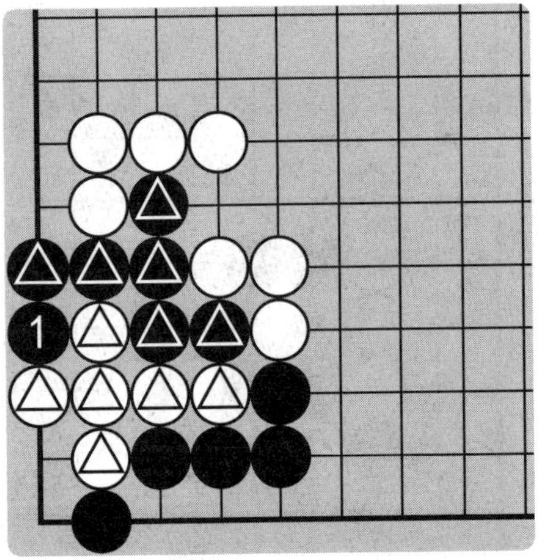

图三

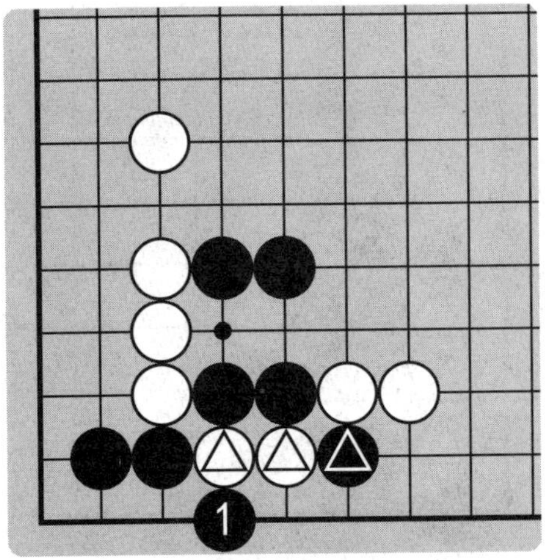

图四

比气

题 4
请黑先紧气杀白。

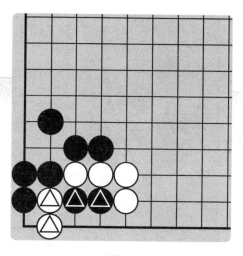

图一

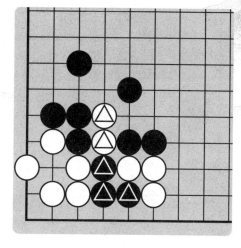

图二

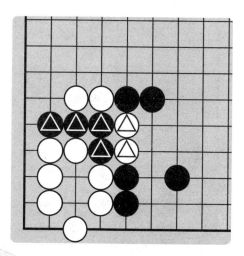

图三

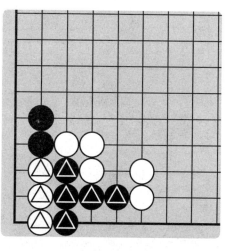

图四

比气

答案 4

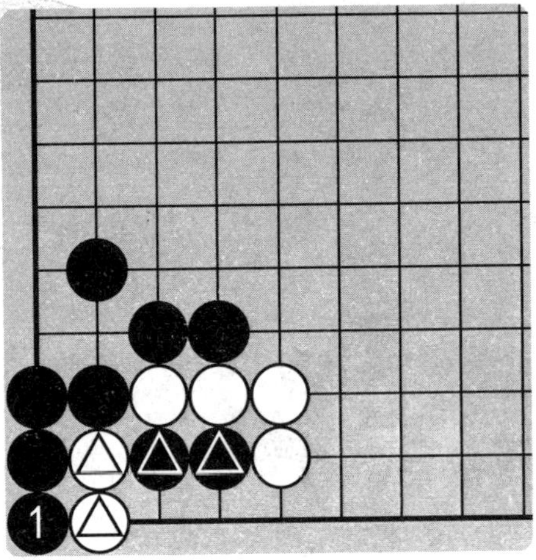

图一

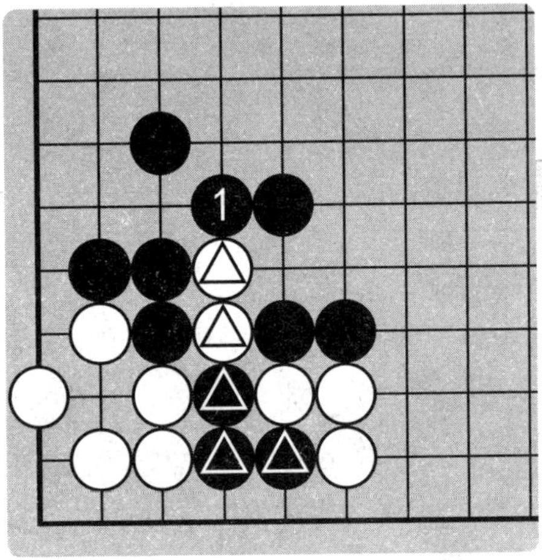

图二

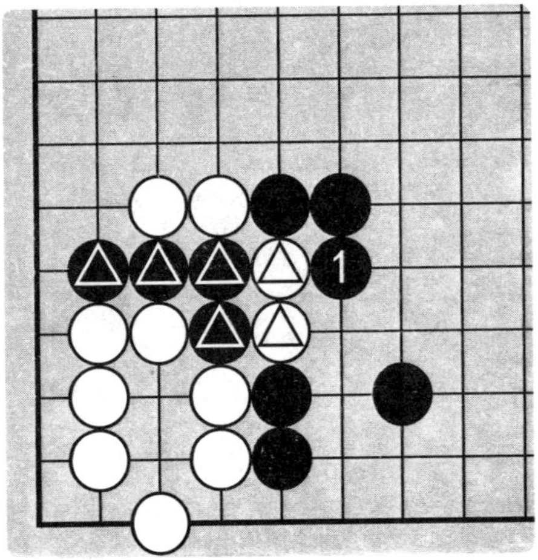

图三

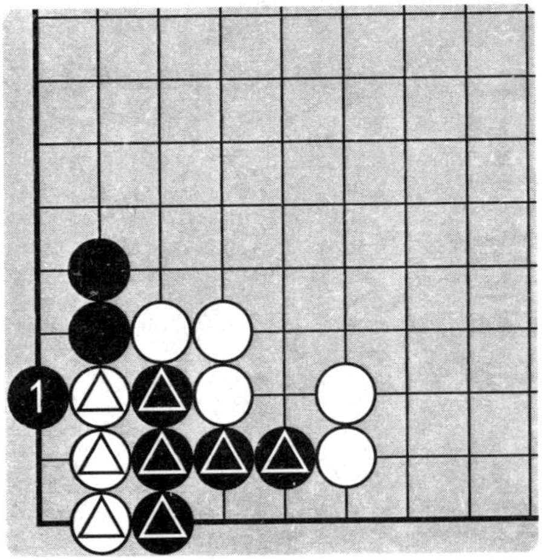

图四

比气

题 5
请黑先紧气杀白。

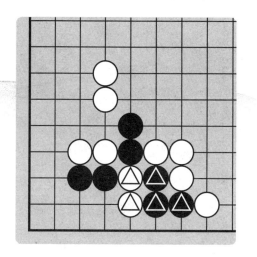

图一

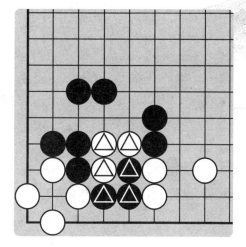

图二

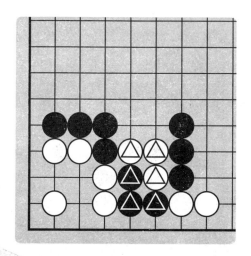

图三

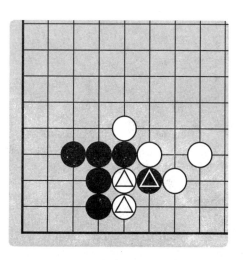

图四

比气

答案5

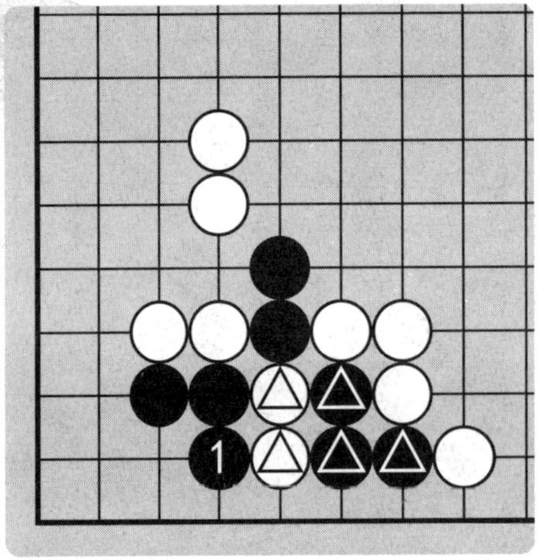

图一

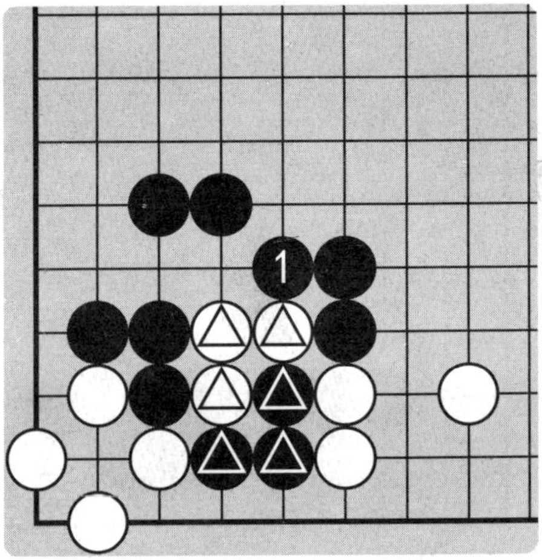

图二

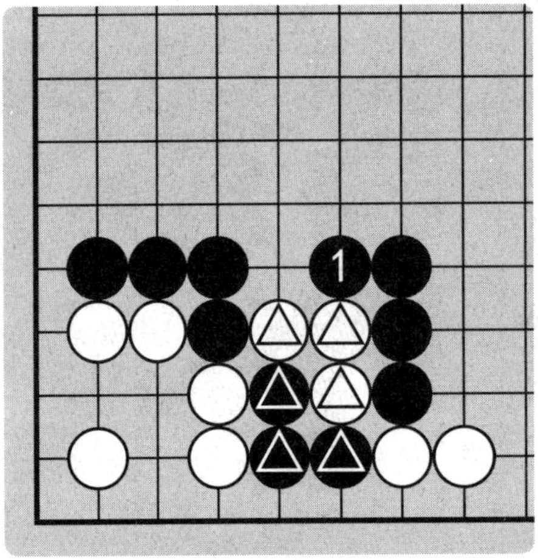

图三

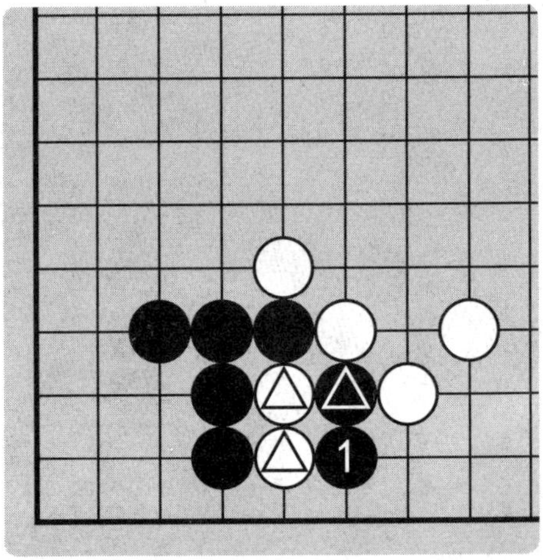

图四

**围住的地盘
一个交叉点是1目
地盘术语名空(kòng)**

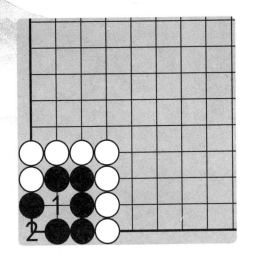

图一：黑棋围住2目，也可以说黑空2目。

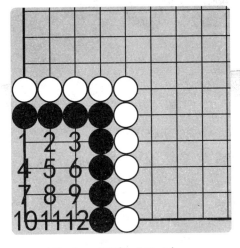

图二：黑空12目。

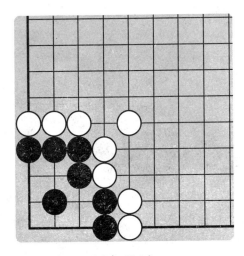

图三：黑空7目。

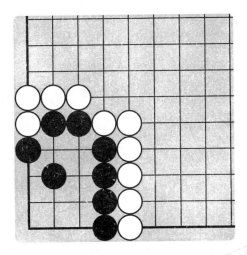

图四：黑空10目。

二十一 官子

一盘棋的最后阶段
围住的地盘最后的收缩定型

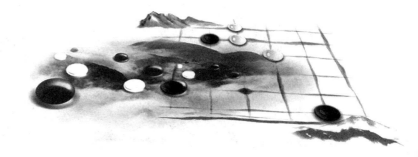

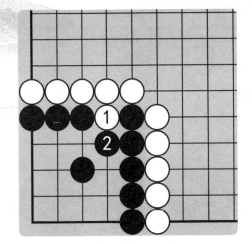

图一：白棋往黑空冲，黑棋需要挡。

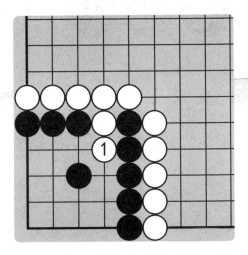

图二：如果黑棋不挡，白棋冲进黑空。

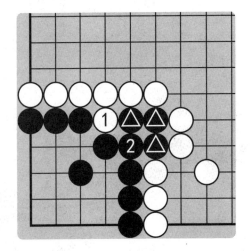

图三：白①叫吃，黑❷粘。

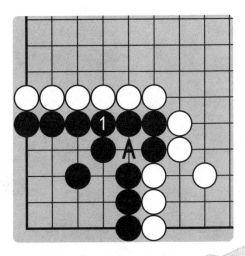

图四：和图三对比，黑❶落子后A处长了1目。

官子

题 1
请黑棋围住地盘。

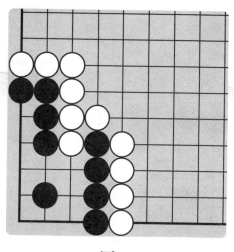

图一

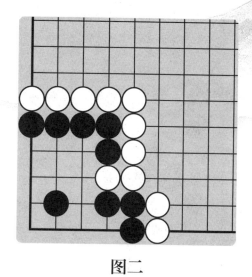

图二

图三

图四

官子

答案 1

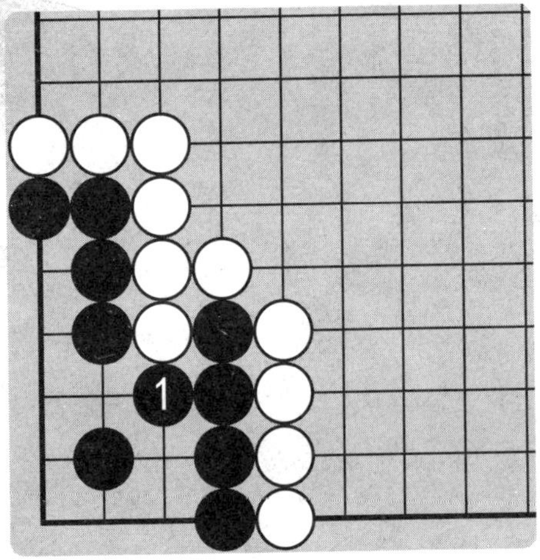

图一

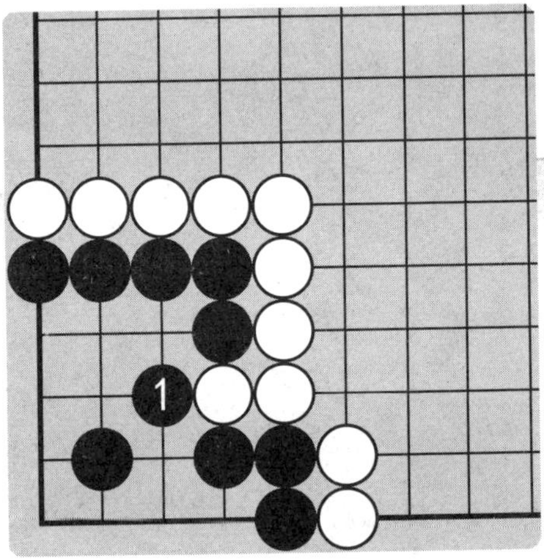

图二

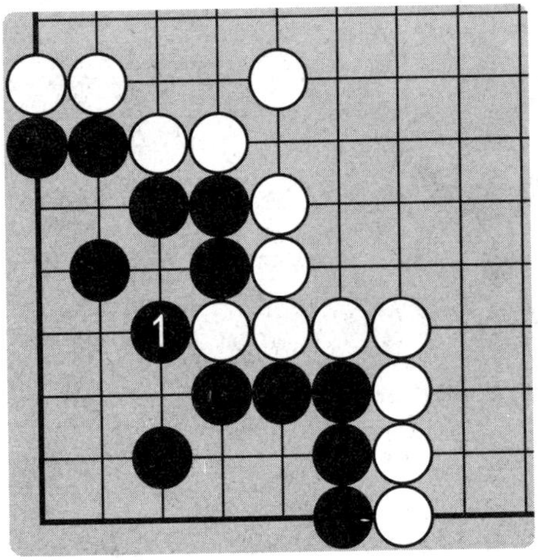

图三

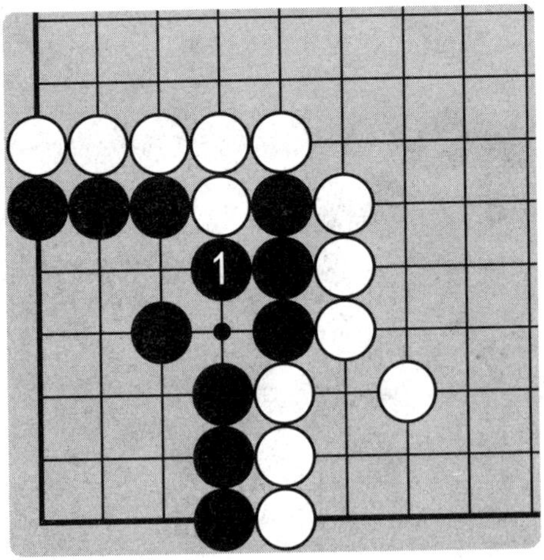

图四

官子

题 2
请完成黑空,并数出黑空多少目。

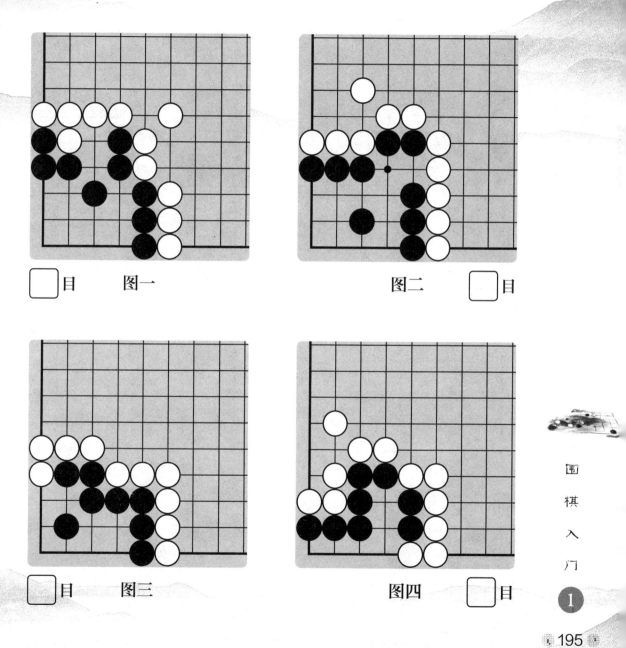

官子

答案 2

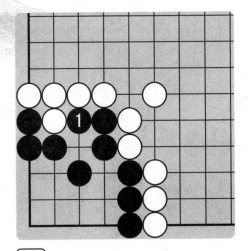

12 目　　图一

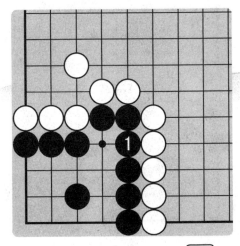

图二　　12 目

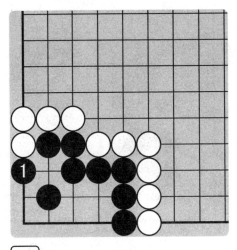

8 目　　图三

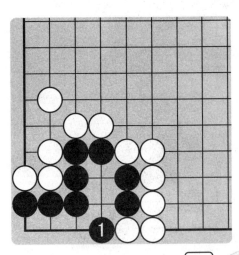

图四　　5 目

官子

题 3
请完成黑空,并数出黑空多少目。

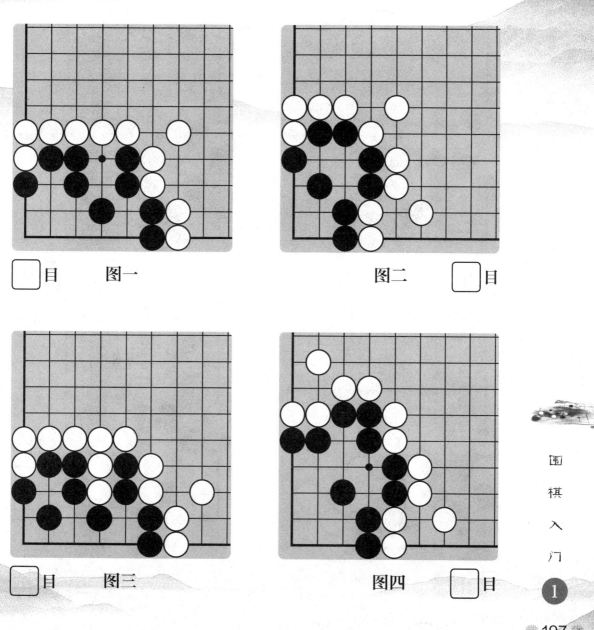

图一 □目　　图二 □目

图三 □目　　图四 □目

官子

答案 3

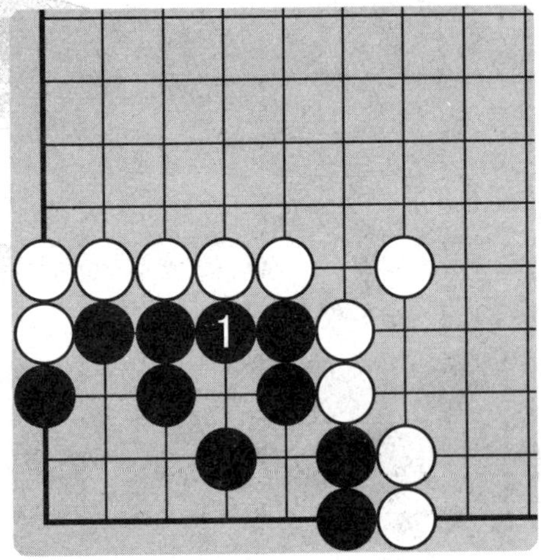

图一　11目

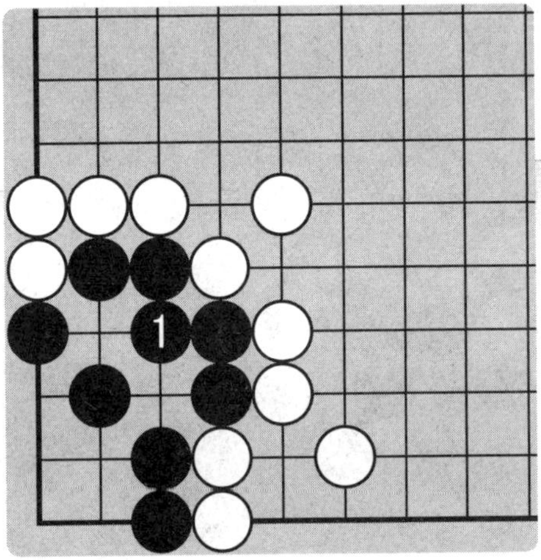

图二　7目

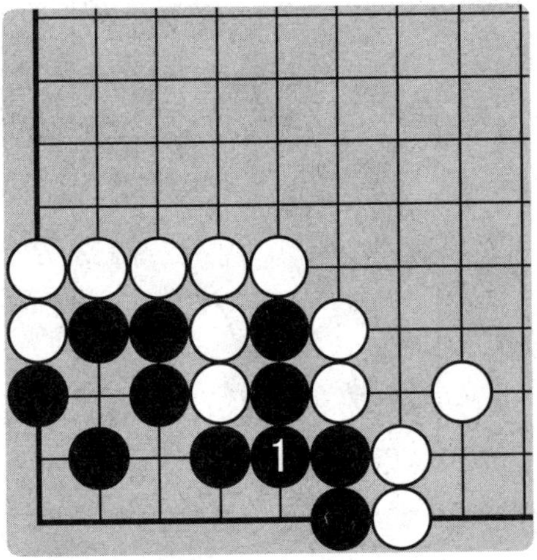

图三　8目

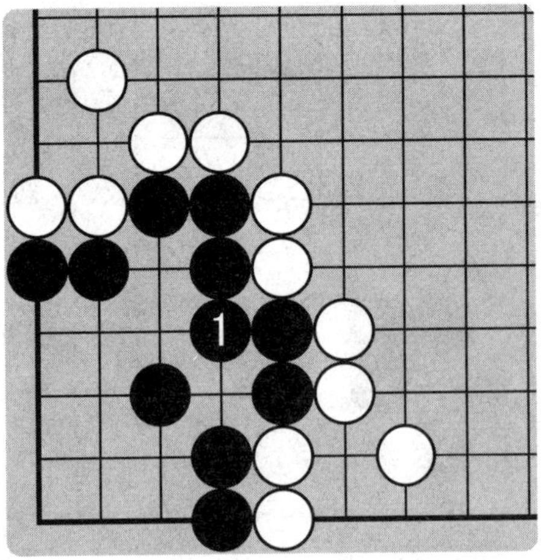

图四　13目

官子

题 4
请黑棋围住地盘。

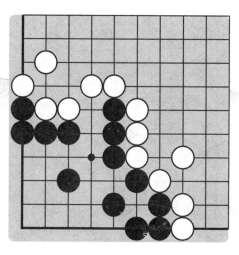

图一

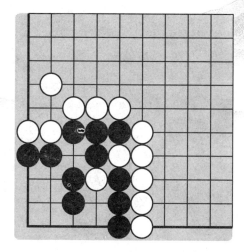

图二

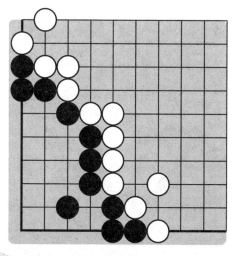

图三

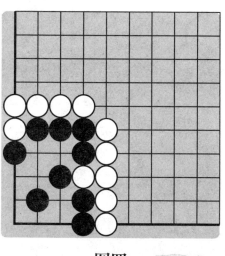

图四

官子

答案4

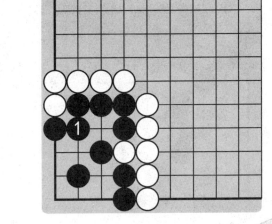

图一

图二

图三

图四

官子

题 5
请黑棋围住地盘。

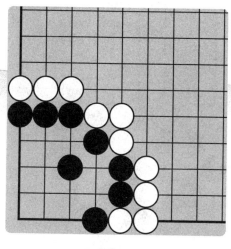
图一

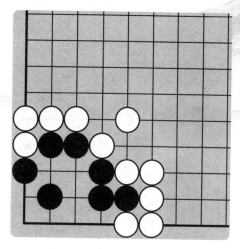
图二

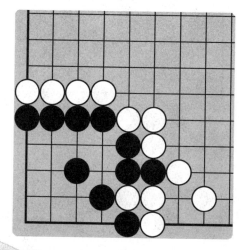
图三

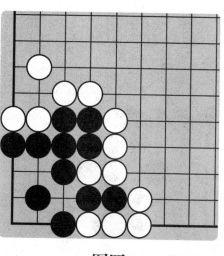
图四

官子

答案 5

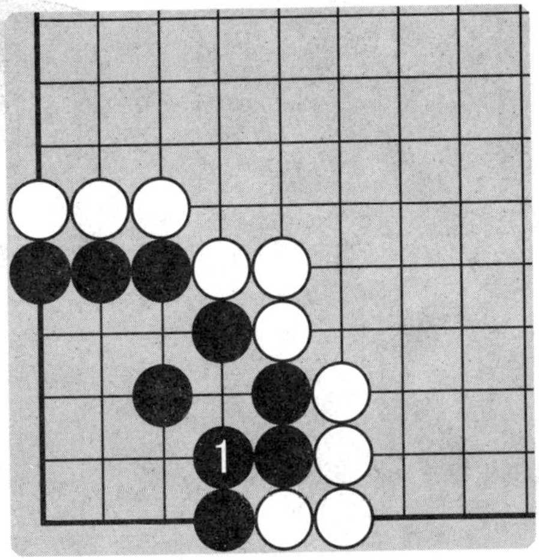

图一

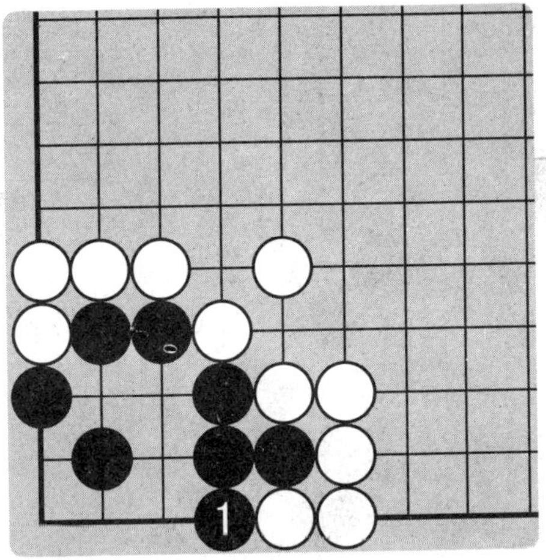

图二

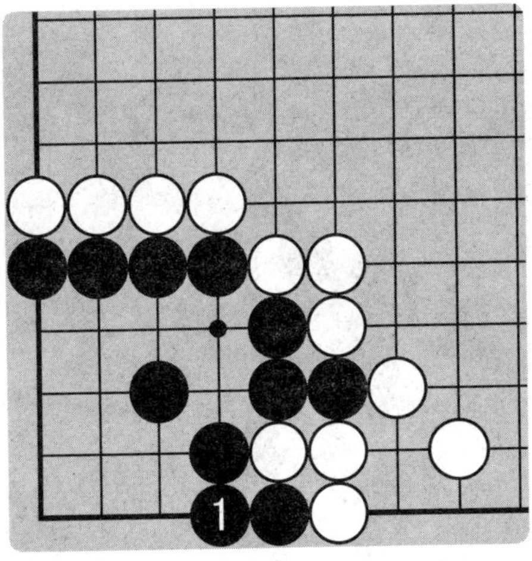

图三

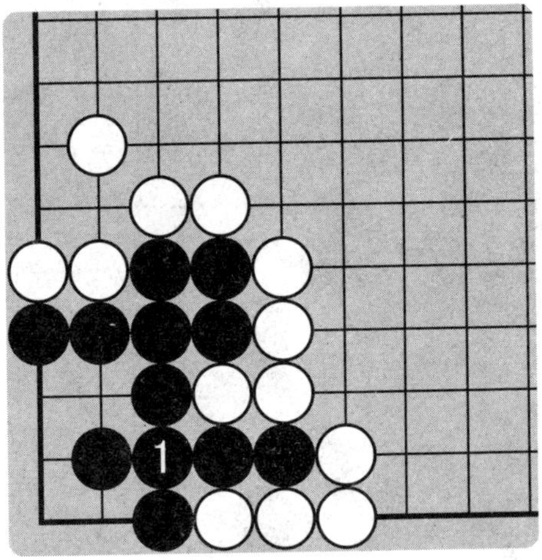

图四

二十二 单官

一盘棋的最后阶段，每手棋落子的交叉点，不会增加附加值，双方价值等同，此时在日韩规则里已结束棋局，中国规则需要下完单官，棋局才结束。

此棋谱取自人机大战第二季三番棋第一局
黑方：柯洁
白方：ALPHGO
黑贴3 3/4子
白胜1/4子

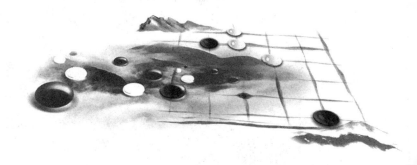

此时已下到275手。

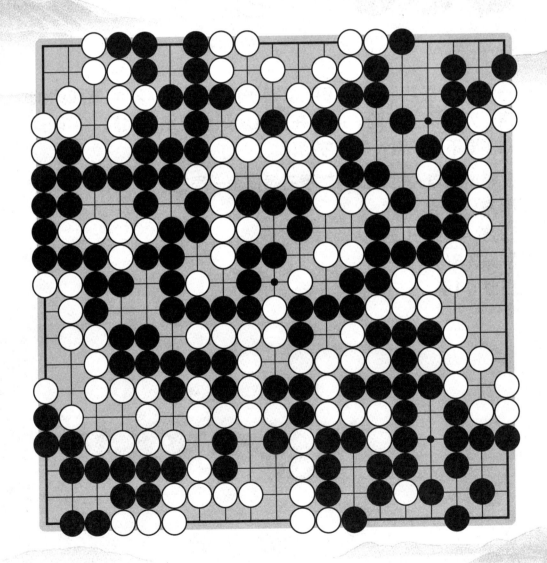

此时第 276 手轮白下。× 点均是双方都可以下的单官。

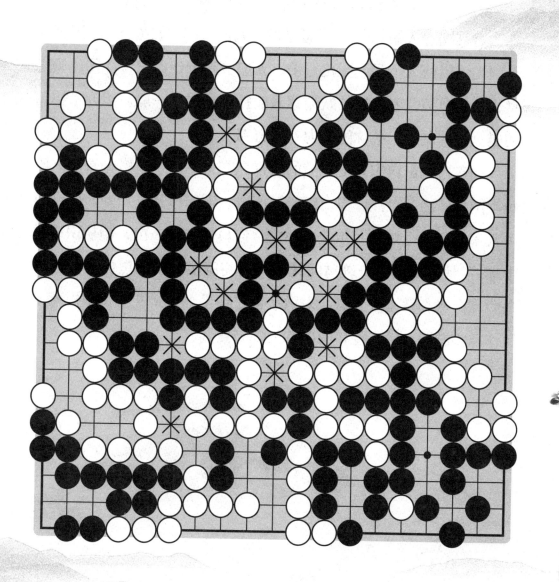

木野狐一词出自宋代邢居实的《拊掌录》:"人目棋枰为木野狐,言其媚惑人如狐也。"意思是说:人们把围棋盘看作"木野狐",是因为围棋博大精深,变化万千,人们一旦痴迷此道,往往废寝忘食,不能自拔,就犹如被妖媚惑人的狐狸精迷住一般。因为下棋用的棋盘是木制的,故称围棋为"木野狐"。

乌鹭一词出自宋人王之道的《蝶恋花》:"玉子纹楸频较路。胜负等闲,休冶黄金注。黑白斑斑乌间鹭,明窗净几谁知处。偪剥声中人不语,见可知难,步武来还去,何日挂冠宫一亩,相从识取棋中趣。"其中"黑白斑斑乌间鹭"一句将围棋局中的黑白子比喻为乌鸦和白鹭交替排阵飞舞。宋徽宗也曾在《念奴娇》中将围棋落子比作寒鸦游鹭,后人遂将围棋称为"乌鹭"。

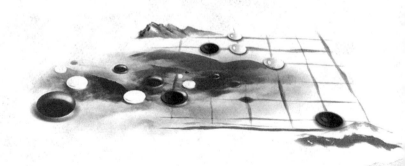